中国家庭
幸福感热点问题
调查报告
2014-2015年

中国人口宣传教育中心
中国社会科学院人口与劳动经济研究所
编 著

中国社会科学出版社

图书在版编目(CIP)数据

中国家庭幸福感热点问题调查报告.2014~2015年／中国人口宣传教育中心，中国社会科学院人口与劳动经济研究所编著.—北京：中国社会科学出版社，2016.5

ISBN 978 - 7 - 5161 - 8045 - 7

Ⅰ.①中…　Ⅱ.①中…②中…　Ⅲ.①家庭问题—调查报告—中国—2014~2015　Ⅳ.①D669.1

中国版本图书馆 CIP 数据核字(2016)第 084335 号

出 版 人	赵剑英
责任编辑	王　衡
责任校对	郝阳洋
责任印制	王　超

出　　版	中国社会科学出版社
社　　址	北京鼓楼西大街甲 158 号
邮　　编	100720
网　　址	http://www.csspw.cn
发 行 部	010 - 84083685
门 市 部	010 - 84029450
经　　销	新华书店及其他书店

印刷装订	北京君升印刷有限公司
版　　次	2016 年 5 月第 1 版
印　　次	2016 年 5 月第 1 次印刷

开　　本	710×1000　1/16
印　　张	13.25
插　　页	2
字　　数	173 千字
定　　价	48.00 元

凡购买中国社会科学出版社图书,如有质量问题请与本社营销中心联系调换
电话:010 - 84083683

序

　　家庭幸福是国家发展的动力和基础。十八大以来，党和政府把家庭发展和家庭建设提升到一个新的发展战略高度来认识和推进。习近平总书记在 2015 年春节团拜会上讲话强调，家庭是社会的基本细胞，是人生的第一所学校。不论时代发生多大变化，不论生活格局发生多大变化，我们都要重视家庭建设，注重家庭、注重家教、注重家风，紧密结合培育和弘扬社会主义核心价值观，发扬光大中华民族传统家庭美德，促进家庭和睦，促进亲人相亲相爱，促进下一代健康成长，促进老年人老有所养，使千千万万个家庭成为国家发展、民族进步、社会和谐的重要基点。十八届五中全会通过的"十三五规划建议"明确提出，"注重家庭发展"。这些重要指示和举措，为提升家庭幸福水平、做好家庭发展工作指明了方向。

　　家庭幸福与人民群众的生存条件和生活质量息息相关，也与社会经济状况和国家政策紧密相连。2011 年，中国人口宣传教育中心和中国社会科学院人口与劳动经济研究所启动了中国家庭幸福感热点问题调查，第一次从国家层面对全国城乡家庭进行了调研，调研设计为连续性调查，每年调查一次，现已持续开展五年。调查每年了解并记录家庭成员的个人情况、家庭基本情况、健康状况、生育状况、对家庭幸福感的评价、对个人幸福感的评价、配偶及两性关系等核心方面的实际情况和变化过程。2015 年在以往调研基础上还增加了国家政策、精神层面和心理需求层面的调查，将个人发展、家庭幸福和国家昌盛、中国梦紧密结合。选择城乡居民关注的热点方面，如希望国家提供的家庭支持政策、家教家风等，让调研结果更加详实、更有针对性。

调查自启动以来，由中国人口宣传教育中心和中国社会科学院人口与劳动经济研究所共同主办，形成优势互补，通力合作的良好态势，相关省（自治区、直辖市）人口宣教中心在组织现场调查方面做了大量的工作，有力保障全国调查的顺利实施。调查为深入了解我国城乡家庭幸福感的现状，摸清城乡家庭的真实生活和存在的问题，反映城乡家庭的公共服务需求、意愿和期待，分析影响城乡家庭幸福感的主要影响因素和影响程度，为积极探索提升城乡家庭幸福感的主要途径和政策措施提供了第一手资料，具有重要的决策参考价值。

2014 年调查抽取 3 个省的 9 个县级单位作为全国抽样样本点，三个省样本量合计 3600 份。2015 年调查了 7 个省（自治区、直辖市），实地调查总样本量为 6000 份。从持续 5 年的调查基础和价值来看，家庭幸福感调查 5 年累计走入了将近 3 万个家庭进行面对面的入户调查。调查显示，与 2014 年相比，2015 年幸福家庭的比例有所升高。2015 年全国非常幸福与比较幸福的家庭比例合计为 76.89%，比 2014 年（76.27%）高出 0.62 个百分点。城镇家庭幸福感仍高于农村家庭幸福感；女性、年龄更长、健康良好、非农户籍、受教育程度较高和初婚有配偶等人群的家庭幸福感更高；家庭规模与家庭结构对家庭幸福感有重要影响；国人对健康的重视程度提高，把家人健康作为幸福首要决定因素的比例也高于往年等。

中国人口宣传教育中心作为国家卫生计生委直属事业单位和国家级人口宣传教育机构，围绕"人人健康，家家幸福"的家庭发展目标，希望通过持续调研探求家庭发展的内在规律。面向不同城乡区域、不同家庭规模和家庭结构、不同家庭成员多样的家庭发展需求和日益增长的健康需求，充分发挥职能作用，为人民群众制作和提供丰富、有针对性的人口健康公共文化产品。我们同时希望通过中国家庭幸福感热点问题调查及其成果发布，能够引起全社会对家庭发展问题的高度重视和关注，并组织行动起来，进一步强化家庭建设的责任意识和家庭发展的担当意识，为共同营造关注家庭健康发展的社会文化环境而不懈努力。

中国家庭幸福感热点问题调查是一项具有重要探索意义的事情，处于不断学习、不断实践、不断完善的过程之中。现将 2014 年、2015 年调研报告汇编成集奉献给读者，诚挚欢迎大家不吝批评指正。

（中国人口宣传教育中心主任　姚宏文）

目　录

2015

2014

让幸福也成为一种常态

2014年中国家庭幸福感热点问题调查技术报告

家庭结构与家庭幸福感

"信任与被信，都是幸福"

居住环境、住房、居留意愿与家庭幸福感

"我们并不孤单，我们也并非不幸福"

心理健康与幸福感

让幸福也成为一种常态

——2014 年中国家庭幸福感热点问题调查报告

中国人口宣传教育中心

中国社会科学院人口与劳动经济研究所

自党的十八大以来，让百姓生活得更加幸福成为党和政府的施政理念和执政方向。作为幸福之源，家庭幸福感的提升对于促进社会和谐稳定、建设美丽中国意义深远。

为深入了解中国城乡居民家庭幸福感现状、家庭成员生活状况及家庭公共服务需求，在国家卫生计生委家庭司指导下，中国人口宣传教育中心和中国社会科学院人口与劳动经济研究所于 2014 年 3—11 月开展了 2014 年中国家庭幸福感热点问题调查。

一 本次调查的总体情况

（一）调查设计和抽样方法

本次调查主要按照不同地区经济、社会和人口发展状况，抽取江苏、湖北、陕西 3 个省的 9 个县级单位作为全国概率抽样样本点，采用调查员直接入户的方式进行现场调查。实地调查每个省样本量 1200 份，总样本量为 3600 份。本次调查共获得成年人有效样本 3439 份。

（二） 大多数家庭感觉幸福

调查显示，2014 年全国城乡居民家庭幸福感标准化评分①为 6.83 分，显著高于 2013 年的 6.22 分。其中，2014 年城镇家庭幸福感标准化得分为 6.95 分，农村家庭为 6.73 分。

本次调查表明，当前中国大多数家庭感觉幸福。2014 年全国感觉幸福的家庭比例为 76.37%，其中城镇感觉幸福的家庭比例为 82.77%，农村感觉幸福的家庭比例为 73.36%。

（三） 健康、和睦、安全、小康成为城乡居民的共同追求

家庭幸福感较高的人群特征是：健康状况良好、社会交往融洽、社会信任度高、拥有较高安全感、家庭收入较高以及受教育程度较高。

调查显示，家庭幸福感是一种多层次、多内涵的综合判断，既受到家庭成员收入、受教育程度及健康状况的影响，更与社会交往状况、社会信任度和安全感密不可分。尤其在城乡居民家庭幸福感主要的决定因素、家庭不幸福的原因等方面，均表现出一致性。健康、和睦、安全、小康成为城乡居民的共同追求。

（四） 社会交往成为家庭幸福感的重要决定因素

调查发现，社会交往对家庭幸福感具有重要影响。随着社交规模扩大，居民通过其获得的各种资源变得更为丰富，十分有利于家庭幸福感的提升。同时，能够提供政治资源或经济资源的社交对象，对家庭幸福感的影响力也不容忽视。

---

① 如无特殊说明，2014 年调查均为标准化评分，感觉幸福指标标准化评分在 6 分及以上（10 分为最高分，0 分为最低分）。

城乡居民在遇到重要社会问题时，最愿意咨询和寻求帮助的社会关系是由家人、亲戚及朋友组成的咨询网。同时，家庭成员是咨询网中的重要人物，家人能提供最有效用的帮助。

此外，适度的餐饮活动能提升家庭幸福感。高消费的餐饮活动在过去一年里明显回落，但大众消费仍有一定的稳定性，居民依赖适度的饮食交往获得情感支持、信息分享、资源互助等积极效果。长远来看，餐饮社交活动应以适度为宜，过多或过少都会降低家庭幸福感。

（五）良好的信任关系让民众更容易感到家庭幸福

在"依法治国"的大背景下，社会大众有着什么样的信任现状，尤其是对家人、对邻居、对外来人口、对政府、对警察、对法官等有什么样的信任度，将直接或间接地影响"依法治国"战略目标的实现。具有良好信任感的人，无论是对人、做事还是思考问题，都容易呈现正向的态势，这能减少互动成本、有利于社会稳定与和谐。

调查显示，虽然在某些方面存在信任不足，但整个社会仍是充满信任的社会，良好的信任环境和信任关系让民众更容易感到家庭和个人幸福。社会大众对各制度性组织的信任比较一致，信任度较高。民众对政府持信任态度的比例达到80%以上，政府符合民众的"好政府"预期；民众对居委会干部、对医生的信任度也很高，均达90%左右。不过，商人或商业组织、外来人口、陌生人、网络信息等获得的信任度则相对较低。这种反差说明，当前所说的"信任危机"确实存在，但并非对政府的信任危机，而主要表现为民众对某件具体事情或某类人群及制度组织的低信任度。

信任理论指出，信任是发生于互动双方的一种积极性预期，能够获得信任的一方必然具有相当程度的可信任品质，而给予信任的另一方亦相信对方在发生与自己有利害关系的行为时不会伤害自己的利益。政府获得如此高的信任度，说明对民众来说，政府具备可信任的品质，他们相信政府在相关政策制定及日常的民生举措中会考虑自己的利益。而那些获得低信任度的群体或制度组织，与民众的日常经济生活紧密相关，反映了民众对自身利益能在日常经济生活得到满足的预期非常低。

如果说信任系统是个大木桶，对政府的信任、对居委会的信任就是信任木桶的长板，而对陌生人、对商业组织等的信任则是短板，即便对居委会、对政府的信任度很高，但这些短板决定了木桶所能承载的水量。因此，我们既不能盲目乐观、忽视"短板效应"，也不应盲目悲观、否认"长板效应"，应充分利用民众对居委会、对政府信任的长板优势改进社会氛围、改善商业环境、整顿网络平台以不断提升短板的高度。

（六）住房状况对家庭幸福感影响显著

近年来，住房状况与家庭幸福感的关联在不断增加。有无住房、有几套住房、住房的地理位置、住房的面积大小和来源都成为牵动城乡居民的敏感问题，住有所居成为影响家庭幸福和社会和谐的一个关键因素。

调查结果显示，住房状况对家庭幸福感有显著影响。其中，对居住地、居住社区的评价越积极，家庭幸福感越高；住房来源具有福利色彩、住房面积越大、有近期购房计划的家庭，其家庭幸福感越高；外来人口越想通过购买住房而留在本地，其家庭幸福感越高。

调查结果表明，住房不单是人们日常生活的基本条件，其对家庭幸福感的提升也起着关键作用。房地产业的健康发展关系到普通百姓的家庭幸福，能够拥有住房、公平地获得住房和拥有更好的住房已经成为影响中国人家庭幸福感的关键因素。

二 与 2013 年调查的比较

（一） 2014 年家庭幸福感显著提高

党和政府实施一系列促改革、惠民生的重大举措以及正风肃纪、严厉惩治腐败大得民心；新的中央领导集体务实坚定以及中国在国际社会的影响力显著提升，使国人感受到了"中国梦"给他们带来的希望和热情，从而增添了幸福感。

调查显示，2014 年家庭幸福感标准化得分（6.83 分）比 2013年（6.22 分）高出 0.61 分，增加幅度高达 9.78%。感觉幸福的家庭比例从 2013 年的 75.28% 上升到 2014 年的 76.37%，提高了1.09 个百分点。其中，感觉非常幸福的家庭比例从 2013 年的18.19% 上升到 2014 年的 21.98%，提高了 3.79 个百分点。

（二） 城乡家庭幸福感均显著高于去年

2014 年调查样本中的城乡人口占比要高于 2013 年的调查。2014 年调查农村人口占比为 68.16%，比 2013 年调查农村人口比例（56.26%）高出 11.90 个百分点。有鉴于此，为保持历年调查的一致性和可比性，在计算 2014 年全国家庭幸福感得分时，按照2013 年城乡人口占比对 2014 年调查结果进行了标准化处理。

相比 2013 年，2014 年城乡家庭幸福感均有了显著提高。其中，2014 年城镇家庭幸福感标准化得分为 6.95 分，比 2013 年（6.28分）高出 0.67 分，提升幅度为 10.67%，略高于全国平均提升幅度；农村家庭幸福感标准化得分为 6.73 分，比 2013 年（6.17 分）高出 0.56 分，提升幅度为 9.76%。

此外，无论是 2013 年调查还是 2014 年调查，城镇家庭幸福感标准化得分均要略高于农村家庭。2013 年城镇家庭幸福感比农村家庭高 0.11 分，2014 年这一差距达到 0.22 分。

（三）感觉不幸福家庭比例显著降低

2014 年的调查数据呈现出一个鲜明特点，即与 2013 年相比，不幸福家庭的比例有了显著降低。

调查显示，2014 年全国感觉不幸福的家庭比例为 1.77%，显著低于 2013 年的 2.28%。其中，农村感觉不幸福的家庭比例下降趋势最为明显，从 2013 年的 2.67% 下降到 2014 年的 1.94%，下降幅度高达 27.34%；城镇感觉不幸福的家庭比例也从 2013 年的 1.77% 下降到了 2014 年的 1.40%。

虽然感觉不幸福的家庭占比较低，但由于其主要集中于孤寡和患病老年人家庭、残疾人家庭、空巢家庭、留守家庭、流动人口家庭、受灾家庭、单亲家庭和其他特殊困难家庭，因此采取有效措施减少该类家庭占比对社会的和谐稳定意义重大。从 2014 年调查可以看出，党和政府自党的十八大以来的各项改革措施，尤其是各项民生和社会保障政策已经取得了初步成效，感觉不幸福的家庭比例显著降低。

三 政策建议

（一）实施积极家庭发展战略，完善促进家庭发展的政策体系

家庭幸福是社会和谐稳定的基础，家庭活力是国家持续发展、民族蓬勃兴旺的源泉。在建设全面小康的新征程中，国家的民生战略需要兼顾社会发展与家庭发展，把握家庭自足能力与对公共服务期待之间的平衡，既突出"保基本"，又着眼于增强家庭活力，促进内生性发展，在切实履行政府职能、加大公共服务供给的同时，

引导社会成员重视家庭价值，强化家庭凝聚力，充分发挥家庭作为社会资源开发、贡献与分配的基本单元的重要职能。基于本次调查所反映的家庭幸福感现状和影响因素，针对我国城乡家庭发展中存在的问题，建议实施积极家庭发展战略，完善促进家庭发展的政策体系。

我国的家庭问题与民生建设、经济发展和社会道德重建相互交织，需要采取综合政策措施。政府决策者首先应当获得关于家庭发展需求和能力的充分信息，由此研究制定出更加符合民意的治本措施。一些影响家庭发展又事关国家民族长远发展的政策急需建立完善。对家庭最大的扶助莫过于重塑中国传统的价值观，引导家庭增进亲情与和谐关系，增进家庭成员之间、邻里之间的互信、互动、互助，提高家庭解决自身困难和问题的能力。

（二）建立覆盖城乡的家庭服务体系，大力发展家庭服务业

要建立和健全覆盖城乡的家庭服务体系。调整完善生育政策，促进人口健康发展；健全家庭抚育功能，促进少儿健康成长；实施积极就业政策，帮助生活困难的家庭脱贫致富；提高居家养老看护能力，促进健康老龄化。

要大力发展家庭服务业。加快发展家庭用品配送、家庭教育等特色服务，大力发展社区日间照料中心和专业化医疗服务机构，建立社会养老服务体系和发展老年服务产业，从而引导城乡家庭合理消费，培育新的经济增长点。

（三）实施新型城镇化发展战略，逐步减少城乡差距

要进一步完善城镇化健康发展体制机制。坚持走中国特色新型城镇化道路，推进以人为核心的城镇化，推动大、中、小城市和小城镇协调发展、产业和城镇融合发展，促进城镇化和新农村建设协调推进，保证城乡居民共享经济发展成果，逐步减少城乡差距。

同时，要采取有效措施，积极促进城镇化进程中的家庭发展，努力缩小区域差距，扎实推进基本公共服务均等化，切实维护家庭人口在流动过程中的合法权益，为最终实现社会和谐与公平正义提供坚强制度保障。

（四）加强保障房和廉租房建设，解决好住房困难群体居住问题

要妥善解决好城市低收入家庭的住房问题。各级政府要高度重视解决城市居民的住房问题，始终把改善居民的居住条件作为城市住房制度改革和房地产业发展的根本目的。要把解决城市低收入家庭住房困难作为住房制度改革的重要内容，加快建立健全以廉租住房制度为重点、多渠道解决城市低收入家庭住房困难的政策体系。

要为具有长期居留意愿，且符合相应条件的外来人口在居住城市安家落户创造条件。要继续深入推进户籍制度改革，借鉴和推广上海等地已经试行的居住证制度，尝试将外来人口纳入城镇住房保障体系，享受与城镇居民同等待遇。

（五）促进社会融合，提高城乡居民的社会信任和安全感

要有效促进各阶层的社会融合。要加强和创新社会管理方式，让家庭首先融入社区，与邻里建立起良性互动关系，真正做到守望相助，构建和谐睦邻。同时，应多措并举，努力突破城里人与农村人、本地人与外地人两种身份壁垒，逐步消除由此带来的心理隔阂乃至情绪对立，促进社会认同与融合。

要营造相互信任的社会氛围，提高居民安全感。要以弘扬社会主义核心价值观为契机，建立和完善家庭核心价值体系，在全社会营造诚信文化；要推进"平安中国"建设，加强空气、水、食品、药品等的立法工作，通过实际行动切实提高城乡居民的安全感和幸福感。

（六）关注特殊困难群体，维护社会公平正义

政府应积极探索建立以家庭为中心的卫生与计划生育公共服务体系，加大对老年人家庭、外来务工人员家庭、空巢家庭、农村留守家庭、受灾家庭、"失独"家庭和其他特殊困难家庭的扶持力度，健全农村留守儿童、妇女、老年人关爱服务体系。

要重点关注流动家庭和留守家庭。流动家庭在社会融入、子女教育，留守家庭在儿童养育照顾、老人赡养、夫妻关系等方面都存在一定困难。政府应制定向其倾斜的福利政策，鼓励社会公益组织、企业和社区志愿者为其提供多方面的帮助和服务。

要特别关注家庭养老问题。随着老龄化社会的到来，城乡家庭的养老负担不断加重，老人精神慰藉需求难以得到满足，老人独居家庭、留守家庭等一些特殊家庭的养老问题变得非常突出，亟须政府、社区和家庭各方力量的共同参与，建立健全社会化养老服务体系，真正做到老有所养，让老年人能够安享晚年。

2014 年中国家庭幸福感
热点问题调查技术报告

中山大学社会学与人类学学院社会学博士　　王　军

为深入了解中国城乡居民家庭幸福感现状、家庭成员生活状况及家庭公共服务需求，在国家卫生计生委家庭司的指导下，中国人口宣传教育中心和中国社会科学院人口与劳动经济研究所于 2014 年 3—11 月开展了 2014 年中国家庭幸福感热点问题调查。

本次调查按照全国各县市的经济、社会和人口等最新数据，抽取对全国具有代表性的概率样本，并采用调查员"入户调查"的方式，对被选中的家庭成员进行问卷调查。本次调查方案设计、抽样方法、人员培训、实地调查和监督、数据质量抽查与检验等均采用比较严格、规范的调查方法和质量控制。

一　调查方案

（一）调查目的

本次调查深入了解中国城乡居民家庭幸福感的现状及存在的问题；全面反映目前城乡居民家庭生活的主要需求、意愿和预期；分析和测算中国家庭幸福感的主要影响因素及影响程度；积极探索提升城乡居民家庭幸福感的主要途径和政策措施。

（二）调查对象

调查对象为 18 岁及以上（1996 年 7 月 1 日以前出生）的中国居民。

（三）组织领导及分工

本次调查由中国人口宣传教育中心和中国社会科学院人口与劳动经济研究所共同主办。中国人口宣传教育中心、各省人口计生委宣教中心负责组织、协调各县（市、区）的现场调查工作。中国社会科学院人口与劳动经济研究所负责调查方案、抽样方法和问卷的设计和培训、调查数据的处理和分析以及研究报告的撰写工作。

（四）调查时间进度

（1）2014 年 5 月—2014 年 6 月 14 日，研究文献收集、研究主题确定。

（2）2014 年 6 月 15 日—2014 年 7 月 20 日，研究提纲、研究范围和主要研究内容撰写。

（3）2014 年 7 月 21 日—2014 年 8 月 20 日，研究设计、二手数据收集和报告撰写。

（4）2014 年 8 月 21 日—2014 年 9 月 20 日，研究设计〔调查设计（定性和定量）〕。

（5）2014 年 9 月 21 日—2014 年 10 月 28 日，各省现场调查。

（6）2014 年 11 月 9 日—2014 年 11 月 15 日，数据录入和数据清理。

（7）2014 年 11 月 16 日—2014 年 12 月 15 日，调查研究报告

初稿完成。

（8）2014 年 12 月 16 日—2014 年 12 月 30 日，调查研究报告完成（补充数据收集）。

二　抽样方法

（一）选取省份和县市的抽样方法

为获得对全国有代表性的概率样本，本次调研的抽样省份、县（市、区）、社区（村庄）、住户、住户中接受调查者均严格按照科学抽样程序进行，从而保证样本对全国的代表性和有效性。

本次调查主要按照不同地区经济、社会和人口的发展状况，采用双分层概率比例抽样方法，实地调查抽取江苏、湖北、陕西 3 个省的 9 个县级单位作为全国概率抽样样本点，采用调查员直接入户方式进行现场调查。每个县（市、区）抽取 8 个社区/村，每个社区/村样本量为 50 份，每个省样本量为 1200 份，3 个省样本量合计 3600 份。

（二）选取社区（村庄）的系统抽样方法

1. 确定随机起点

随机起点在 1—10 内确定，确定方法为督导员生日的最后一位数，如最后一位数为 0，则随机起点选 10。

2. 确定抽样间距

确定方法为：抽样间距 k = 该县（市、区）所有社区（村庄）数量/要抽取的社区（村庄）数量。抽样间距为小数时，只保留整数，如抽样间距为 4.54，则我们取 k = 4。

3. 抽取社区（村庄）样本点

依次抽取序号为第 a（随机起点）、第 a + k、第 a + 2k、第 a +

3k……的社区（村庄），直到获得调查所需的 6 个社区（村庄）数量为止。

（三）选取住户的系统抽样方法

1. 确定随机起点

随机起点在 1—10 内确定，确定方法为督导员生日的最后一位数，如最后一位数为 0，则随机起点选 10。

2. 确定抽样间距

确定方法为：抽样间距 k = 该社区（村庄）所有住户数量/要抽取的住户数量。抽样间距为小数时，只保留整数，如抽样间距为 4.54，则我们取 k = 4。

3. 抽取住户样本点

依次抽取序号为第 a（随机起点）、第 a + k、第 a + 2k、第 a + 3k……的住户，直到获得调查所需的 50 个住户数量为止。

（四）选取住户中接受调查者的方法

对于抽样选好的住户，则需要对此户中的被访者进行抽样，选出一位被访者进行访问。具体操作步骤如下。

首先，询问"目前您家中一共住着几位 18 周岁及以上的人员？"我指的是：在您家里长期居住（1 个月以上）的人，包括亲戚在内。请分别告诉我：他们的姓名和周岁年龄？

然后，根据答话人的介绍，将目前居住在家中的所有 18 周岁及以上人员情况，按年龄从小到大（不要按照性别分别排列）填写在下面的入户抽样表中。

最后，按照入户抽样表选出被访者。选样表的第一行有 0—9 共 10 个数字，在调查前，已由督导员将问卷进行编号，问卷编号的最后一位数字将用于入户抽样。这个数字所在的那一列，和家庭所有成员排序的最后一位所在的那一行的交汇处的数字，就是被选中的家庭成员的序号。请在《入户抽样表》"序号"一栏以√显示被选中的被选者。

例如：表1中，该住户共有5名18周岁及以上的人员。按年龄由小到大填写在表中，依次为张小小（18岁）、李四（39岁）、张三（41岁）、王五（60岁）、张老三（65岁）。

假设问卷编号的尾号为4，由于家庭成员排序的最后一人（本例中为张老三）的序号那一行是"5"，那么第5行与"4"列的交汇处的数字就是选中的家庭成员的序号，即"2"号成员（本例中为李四），也就是我们要选的被访者。

表1　　　　　　　　　　　入户抽样表

序号	问卷编号尾数		1	2	3	④	5	6	7	8	9	0
	姓名	年龄										
1	张小小	18	1	1	1	1	1	1	1	1	1	1
2√	李　四	39	2	1	2	1	1	2	1	2	2	1
3	张　三	41	1	3	2	2	3	1	3	1	1	2
4	王　五	60	2	2	4	1	3	4	1	3	3	2
5	张老三	65	2	5	3	②	4	4	1	1	5	3
6			1	2	6	1	5	6	5	6	2	4
7			3	2	1	7	1	3	2	2	4	1
8			5	2	4	5	1	2	1	6	8	8
9			8	7	9	6	9	4	2	8	3	8

说明：18周岁及以上人员（1996年7月1日以前出生），按年龄从小到大排序。

三　调查过程控制

（一）专家咨询

本项调查邀请中国社会科学院、北京大学、中国人民大学等著名研究机构、高等院校的专家学者，就本研究的方案设计、抽样方法、问卷内容等展开讨论。在听取专家学者意见的基础上，最终确定本调查的研究设计、抽样方法和问卷内容。

（二）人员培训

本次调查的调查员来自全国各样本点，每县（市、区）选调 40 人，负责本县所有样本的调查登记工作。其中男、女各半，要求调查员具有高中以上文化程度，工作认真负责。

本次选拔调查员实行淘汰制。在调查培训后，根据调查员的实际情况，选择培训合格者作为调查员，不合格者不能作为调查员；不能中途调换调查员，如果调查员临时有紧急事情需要处理，可以退出，但不能补人。

各省（市）卫生计生委选派相关人员 1 名作为调查指导员，负责对本省样本点的调查工作进行业务指导。另外，由各县（市、区）卫生计生委选拨 1 名有调查经验的同志作为调查质量监督员，对问卷质量进行监督。全部调查员由中国社会科学院人口与劳动经济研究所统一组织培训。

（三）实地调查及督导

培训结束后，各地即开始进行现场调查。每名调查员每天的调查量不能超过 8 份。调查督导员随机抽取已经访问过的问卷进行回访，发现问题及时纠正，并通知调查员本人。如果发现调查员有造假情况，一经核实，立刻取消调查员资格。

现场调查开始后，中国人口宣传教育中心工作人员在现场进行问卷质量监控，对调查督导员的工作进行监督和回访。调查结束后，由中国人口宣传教育中心工作人员审阅合格后，将问卷带回北京。

（四） 数据录入及审核

本次调查的全部资料由中国社会科学院人口与劳动经济研究所集中组织录入计算机，并进行汇总。所有资料均为保密资料。

四　幸福感得分标准化方法

在 2014 年中国家庭幸福感热点问题调查问卷设计中，继续使用幸福感得分的标准化方法。使用以下两个问题：

问题 1：请给您目前的家庭幸福感评分：

很不幸福　0　1　2　3　4　5　6　7　8　9　10　非常幸福

问题 2：在对幸福评分中您认为几分以上是幸福的？

　　　　　0　1　2　3　4　5　6　7　8　9　10

本研究主要采用等比例标准化方法，具体方法如表 2 所示。

表 2　　　　　　　　家庭幸福感等比例标准化方法

示例	家庭幸福感评分	幸福及格线	调整基准	调整系数	家庭幸福感最终得分
案例 1	7.98	7.00	6.00	0.86	6.84
案例 2	7.65	8.00	6.00	0.75	5.74
案例 3	6.66	6.00	6.00	1.00	6.66
案例 4	8.24	7.00	6.00	0.86	7.06
案例 5	8.01	5.00	6.00	1.20	9.61
案例 6	6.90	7.00	6.00	0.86	5.91

表 2 中共有 6 个案例，也就是 6 个接受问卷调查者。我们以案例 2 和案例 3 为例说明。两者家庭幸福感评分分别为 7.65 分和 6.66 分，前者高于后者。案例 2 和案例 3 认为几分以上是幸福的（表 3 中称为幸福及格线）分别为 8 分和 6 分。我们将每个案例的幸福基准统一固定在 6.00 分，调整系数定义 6/为幸福及格线，则案例 2 和案例 3 的调整系数分别为 0.75（即 6/8）和 1（即 6/6）。案例 2 和案例 3 的家庭幸福感最终得分分别为 5.74 和 6.66。虽然案例 2 的家庭幸福感最初评分要高于案例 3，但由于两者幸福及格线的差异，案例 2 的家庭幸福感最终得分要低于案例 3。

五　数据结果有效性评估

本次实地调查共获得 18 周岁及以上成年人的有效样本 3439 人，成年人问卷占比 93.40%。参与调查者的年龄、性别、婚姻状况、职业、受教育程度等分布比较均匀，对全国具有较好的代表性。

2014 年调查样本中的城乡人口占比要高于 2013 年调查。2014 年调查农村人口占比为 68.16%，比 2013 年调查农村人口比例（56.26%）高出 11.90 个百分点。有鉴于此，为保持历年调查的一致性和可比性，在计算 2014 年全国家庭幸福感得分时，将按照 2013 年城乡人口占比对 2014 年调查结果进行标准化处理。

标准化处理结果显示，与 2013 年相比，2014 年城乡家庭的家庭幸福感均有了显著提高。其中城镇家庭幸福感标准化得分为 6.95 分，比 2013 年（6.28 分）高出 0.67 分，提升幅度为 10.67%，略高于全国平均提升幅度；农村家庭幸福感标准化得分为 6.73 分，比 2013 年（6.17 分）高出 0.56 分，提升幅度为 9.76%。

家庭结构与家庭幸福感

中国社会科学院人口与劳动经济研究所副研究员　伍海霞

　　家庭幸福感是家庭成员对当前家庭生活满意度的主观评价,是测量人们幸福与否及幸福程度的重要指标,也是其对家庭生活质量的总体反映。随着我国人民生活水平的提高,家庭幸福感日益得到居民的重视与社会各界的广泛关注。而家庭中都有谁共同生活,即个体所生活的家庭的规模与结构,不仅在家庭中个体的发展、道德教育、文化传承、情感满足方面扮演着重要角色,也影响着每一个家庭成员的福祉与幸福感。调查发现,生活在完整的初婚家庭中的青少年的幸福感略高于单亲家庭和重组家庭;对于老年人而言,亲人是否在身边、是否与家人居住均会对其主观幸福感产生影响。

　　不同结构类型的家庭幸福水平存在显著差异,家庭成员关系、保障水平和夫妻关系等均对家庭幸福水平具有显著影响。在当前我国城乡地区,不同居住方式下成年人的家庭幸福感如何?是否存在差异?哪些因素会对个体的家庭幸福感产生影响?本研究主要利用2014年中国家庭幸福感线下调查数据,就不同家庭结构下个体的家庭幸福感的状况、特征加以考察,并分析家庭幸福感的影响因素,以揭示民众主观上的家庭生活质量,为相关部门实施有关家庭政策、构建幸福家庭、提高居民家庭幸福感、建设和谐社会提供理论依据。

一 家庭幸福的决定性因素

（一）自有住房是家庭幸福的第一位决定性因素，家人健康居次

2014 年调查表明，总体上，约 40.83% 的被访者认同有自己的住房是影响家庭幸福的最重要的因素，其余依次为家人健康（约占 30.72%）、夫妻和谐（约占 9.61%）、子女成才（约占 7.83%）、有较高的收入（约占 7.21%）和心态好（约占 3.53%）。我们认为，一方面，传统的"安居乐业"思想在被访者中仍占据一定的地位，住房是家庭改善生活质量、提高生活水平的首要物质基础；另一方面，随着社会经济文化的发展，住房已成为部分城乡居民步入婚姻殿堂的先决条件，尤其在农村地区，父母为子女结婚建房相对更为普遍，而在有效样本中，约 65.4% 的被访者为农业户口，也为这一结果做出了贡献。另外，现实生活中，家人健康直接影响着家庭及其成员的生活水平与生活质量，决定着家庭幸福度。虽然被访者中逾92.5% 已婚，但夫妻和谐仅居影响家庭幸福的第三位因素，尚需要结合家庭类型进行具体分析。子女成才位次较后，可能因为部分被访者目前尚无子女，对此无切身体会；加之父母对知识、教育、就业等方面观念的转变，也促使其在家庭幸福感中的地位下降。认同有较高的收入是影响家庭幸福的最主要因素者比例较低，一方面在一定程度上体现了多数被访者并不以金钱为衡量家庭幸福的价值观念；另一方面，有自己的住房、家人健康等也在一定程度上替代了其应有的效应。

（二）不同家庭规模下家庭幸福感的决定性因素具有差异

调查结果表明，有自己的住房是不同家庭规模下被访者较为认同

的影响家庭幸福感的最主要因素,其次是家人健康。在 3 人及以上家庭中,认同夫妻和谐为影响个体家庭幸福感的第一位因素者所占比例高于家庭中仅有 1 人、2 人的被访者。这在一定程度上体现了家庭关系对个体家庭幸福感的影响。随着家庭人口数的增多,夫妻关系成为家庭关系的主导。而现代社会中夫妻间从"男主女从"向夫妻平权转变,家庭内部从亲子轴心向夫妻轴心发展,多数家庭夫妻共同进行有关家庭发展、子女教育、亲代赡养等家事的决策与家庭资源的分配,夫妻和谐直接关系着家庭的和谐与幸福。

表 1 　　　　不同家庭规模下被访者家庭幸福感的决定因素 　　（单位:%）

家庭人口数	有自己的住房	有较高的收入	子女成才	夫妻和谐	心态好	家人健康	其他
1	38.83	4.85	6.80	5.83	4.85	37.86	0.97
2	38.54	7.59	9.20	8.03	4.53	31.68	0.44
3	41.11	7.70	7.46	10.87	3.25	29.37	0.24
4	42.46	6.98	8.24	10.06	3.07	29.05	0.14
5	41.12	6.36	7.10	8.04	3.36	34.02	0
6 +	41.60	7.20	5.60	12.80	3.20	28.80	0.80
合计	40.83	7.21	7.83	9.61	3.53	30.72	0.26

资料来源:2014 年家庭幸福感热点问题调查。

（三） 不同家庭结构下家庭幸福的决定性因素不同

有自己的住房仍是各类家庭中本次调查受访者中最为认同的影响家庭幸福的因素,且在核心家庭与直系家庭中表现得尤为突出。认同家人健康为影响家庭幸福的首要因素的被访者比例居次。标准核心家庭、两代直系家庭、三代及以上直系家庭和间隔直系家庭中的被访者认为夫妻和谐为影响家庭幸福的首要因素的比例相对高于单人户、夫妇家庭和其他核心家庭。一方面,多数标准核心与直系家庭中的夫妻经常需要共同面对子女、双方父母,以及兄弟姐妹,应对家庭内外事务，其更能体会到夫妻和谐对于家庭和谐发展的重要意义，因此，他们更认同夫妻和谐对家庭幸福具有决定性作用。

表2   不同家庭结构的被访者所述家庭幸福感的决定性因素 （单位:%）

家庭结构	决定家庭幸福的第一位因素						
	有自己的住房	有较高的收入	子女成才	夫妻和谐	心态好	家人健康	其他
单人户	38.84	4.85	6.80	5.83	4.85	37.86	0.97
夫妇家庭	37.37	7.54	10.00	7.72	4.56	32.63	0.18
标准核心家庭	42.71	7.52	7.29	10.30	3.16	28.80	0.22
其他核心家庭	42.52	11.02	5.51	6.30	4.73	29.13	0.79
二代直系家庭	41.16	7.14	8.16	10.21	2.72	30.61	0
三代及以上直系家庭	40.49	6.77	7.31	9.56	3.65	32.01	0.21
间隔家庭	31.25	2.08	14.58	22.92	0	29.17	0
复合家庭	28.57	0	14.29	28.57	0	28.57	0
其他	57.14	0	0	14.29	0	21.43	7.14
合计	40.83	7.21	7.83	9.61	3.53	30.73	0.26

资料来源：2014 年家庭幸福感热点问题调查。

二   家庭幸福感的现状

（一）近 80% 的被访者家庭较为幸福或非常幸福

由家庭幸福感标准化得分结果可知，约 20.3% 的被访者家庭幸福感标准化得分低于 6 分，处于家庭比较不幸福或不幸福状态。且在这类人群中得分在 4—6 分者居多，4 分以下，特别是 2 分以下者甚少，相对而言，处于家庭非常不幸福状态的被访者较少。其余近 80.0% 的被访者家庭幸福感标准化得分在 6 分及以上，可见，多数被访者家庭较为幸福或非常幸福。另外，从标准化得分分布看，个体间的家庭幸福程度也存在一定的差异。

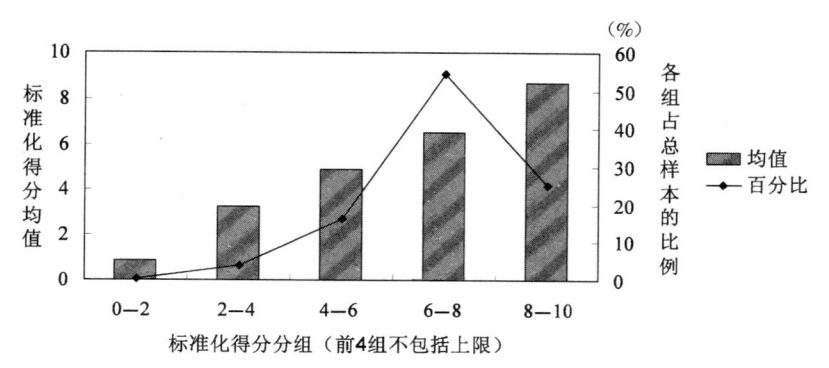

图1　标准化后的家庭幸福感得分

（二）不同家庭规模下被访者的家庭幸福感不同

2014 年调查发现，约 20% 的被访者家庭幸福感标准化得分在 6 分以下，且各规模家庭中均占有一定的比例，此类个体处于家庭不怎么幸福或很不幸福的状态。不同家庭规模中个体家庭幸福感得分又有所不同：1 人户中家庭幸福感得分在 6—8 分者相对较多，2 人户和 3 人户家庭中被访者家庭幸福感得分在 8—10 分者所占比例相对较高，而 4 口之家和 6 人及以上多口之家中的被访者幸福感标准化得分低于 6 分的比例明显高于其他规模的家庭。

表3　不同家庭规模被访者的家庭幸福感标准化得分分组分布状况　（单位:%）

家庭规模	<6 分者的比例（%）	最小值	最大值	均值	标准差
1	20.39	2.00	10.00	6.46	1.473
2	19.56	0.60	10.00	6.58	1.539
3	19.19	0	10.00	6.78	1.573
4	23.40	0	10.00	6.57	1.561
5	18.25	1.50	10.00	6.78	1.561
6 +	27.20	2.25	10.00	6.38	1.558
合计	20.33	0	10.00	6.67	1.562

资料来源：2014 年家庭幸福感热点问题调查。

从不同家庭规模中被访者幸福感标准化均值看，各规模家庭中幸福感标准化得分均值均在 6.3 分以上，被访者多处于家庭较幸福或非常幸福状态。具体地，生活在 5 口人和 3 口人的家庭中的被访者家庭幸福感明显高于 6 人及以上家庭和单人户、2 口人、4 口人的家庭居中。这一结果在一定程度上表明，人口太少，尤其未婚人群，虽然各类牵挂相对较少，在个人需求得到较好满足后即会产生较高的幸福感，但日常生活中缺乏应有的互助与关怀，也会降低个体的家庭幸福感；随着家庭人口的增加，虽然遇事会得到及时的照应与帮助，但家庭关系复杂程度上升，家庭事务增加，家庭成员矛盾也会增多，尤其 4 人和 6 人及以上家庭大多为 2 代或 3 代，甚至 4 代家庭，婆媳、翁婿共同生活较为普遍，子辈与父母、祖父母观念、生活习惯等差异较大，易出现家庭关系的不和谐，甚至引发家庭矛盾，在一定程度上降低了个体的家庭幸福感。

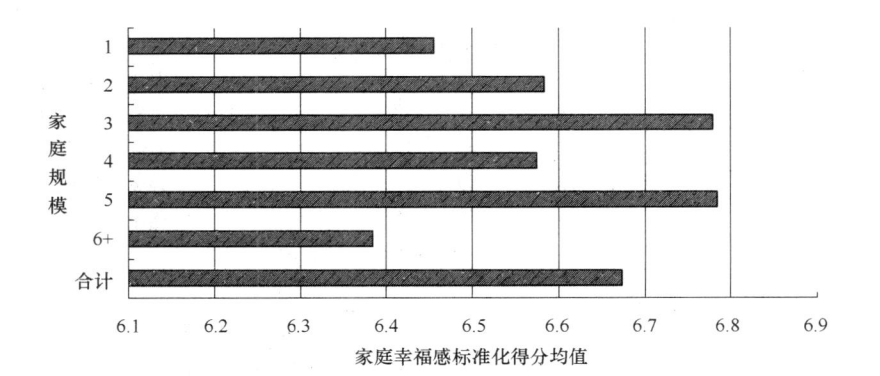

图 2　不同家庭规模中被访者的家庭幸福感标准化得分均值

注：合计是指所有被访者家庭。

另外，同一家庭规模中被访者家庭幸福感标准化得分的最大值与最小值以及较大的标准差充分表明，同一家庭规模中不同个体的家庭幸福感存在着较大差别。

（三）不同家庭结构下被访者的家庭幸福感存在差异

除复合家庭外，单人户、夫妇家庭、标准核心家庭、其他核心家庭、二代直系家庭、三代及以上直系家庭、间隔家庭等均有逾20%的被访者家庭幸福感标准化得分低于6分，处于很不幸福或比较不幸福的状态，且在二代直系家庭、单人户和间隔家庭表现得更为突出。多数单人户、夫妇核心家庭和间隔家庭中的被访者家庭幸福感标准化得分在6—8分，8—10分者所占比重相对较低，家庭生活较为幸福者所占比重明显高于家庭生活非常幸福者。相对而言，标准核心家庭、二代直系家庭、三代及以上直系家庭中被访者幸福感标准化得分在8—10分者所占比例明显高于单人户、夫妇核心家庭和间隔家庭，相应家庭类型中被访者家庭生活非常幸福者相对较多（因复合家庭样本数少，在此未做较深入分析）。

表4　　不同家庭结构被访者分组的家庭幸福感标准化得分分布　　（单位:%）

家庭结构	家庭幸福感标准化得分分组				
	0—2	2—4	4—6	6—8	8—10
单人户	0	3.88	16.50	65.06	14.56
夫妇家庭	0.35	2.98	14.92	60.00	21.75
标准核心家庭	0.08	3.61	15.63	52.43	28.25
其他核心家庭	1.57	4.72	14.96	51.97	26.78
二代直系家庭	0.33	5.41	17.57	52.70	23.99
三代及以上直系家庭	0.21	3.97	17.04	53.59	25.19
间隔家庭	0	2.08	20.83	60.42	16.67
复合家庭	0	0	0	42.86	57.14
其他	7.14	14.29	28.57	35.71	14.29
合计	0.27	3.81	16.24	54.45	25.23

资料来源：2014年家庭幸福感热点问题调查。

注：合计是指所有被访者家庭。

家庭结构在一定程度上体现着家庭成员的婚姻状况、居住安排与代际关系，本次调查结果表明，丧偶、再婚被访者中家庭幸福感标准化得分在 6 分以上者所占比例相对低于未婚、初婚人群；未婚、初婚、再婚、离婚和丧偶人群中个体家庭幸福感标准化得分在 8—10 分者所占比例依次降低。同时，流动人群中家庭幸福感标准化得分较高者相对多于非流动人群。而本次调查的有效样本中，单人户主要由丧偶、初婚后外出流动，以及未婚群体构成，配偶缺失、初婚却不能与配偶共同生活均会导致个体家庭幸福感的下降；间隔家庭多由祖辈与未成年的孙子女，或已婚孙子女与年老的祖父母构成，隔代间观念、生活习惯等的差异，会在一定程度上对其家庭幸福感带来负面影响。夫妇核心、标准核心家庭中人数少，家庭关系简单，这些家庭中的个体家庭幸福感相对较高。

表5 　　　　　　　不同婚姻状况个体家庭幸福感标准化得分　　　（单位：%）

标准化得分分组	未婚	初婚	再婚	离婚	丧偶
0—2	11.11	44.45	22.22	0	22.22
2—4	9.38	73.44	5.46	1.56	10.16
4—6	7.25	86.59	2.54	0.54	3.08
6—8	6.53	86.50	2.05	1.07	3.83
8—10	9.56	86.56	1.64	0.47	1.75
合计	7.54	85.93	2.21	0.85	3.47

资料来源：2014 年家庭幸福感热点问题调查。

另外，从不同家庭结构中被访者家庭幸福感标准化得分均值也得出与上述相似的结论，生活在标准核心家庭中的被访者家庭幸福感普遍高于其他家庭中的个体，单人户与间隔家庭相对较低。同时，由各家庭类型中被访者家庭幸福感标准化得分的最小值、最大值以及标准差的分布可知，同一家庭类型中不同家庭中被访个体的家庭幸福感也存在一定的差异。

表6　　　　不同家庭结构下被访者的家庭幸福感标准化得分

家庭结构	<6分	均值	标准差	最小值	最大值
单人户	20.38	6.46	1.473	2.00	10.00
夫妇家庭	18.24	6.63	1.480	0.75	10.00
标准核心家庭	19.32	6.79	1.554	0	10.00
其他核心家庭	21.25	6.61	1.722	0.60	10.00
二代直系家庭	23.32	6.57	1.595	0	10.00
三代及以上直系家庭	21.22	6.64	1.592	0	10.00
间隔家庭	22.91	6.34	1.301	3.75	10.00
复合家庭	0	5.68	0.409	5.14	6.00
其他	50.00	5.59	2.133	1.33	10.00
合计	20.33	6.67	1.562	0	10.00

资料来源：2014年家庭幸福感热点问题调查。

注：合计是指所有被访者家庭。

三　影响家庭幸福感的主要因素

为进一步明确当前人们家庭幸福感的主要影响因素，本研究以家庭结构、家庭人口数，被访者的性别、年龄、婚姻状况、受教育程度、职业以及户籍性质、是否流动、是否有自己的住房、人均住房面积、个体对现居住环境的感受等作为自变量，采用多元回归分析的逐步回归法，分析家庭幸福感的影响因素，结果如表7所示。

表7 家庭幸福感影响因素逐步回归结果

模型	系数	标准误	标准化系数	t 值	显著度
常数	6.089	6.089	/	77.345	0
喜欢目前的居住地	0.568	0.568	0.568	8.58	0
无工作	-0.325	-0.325	-0.325	-5.236	0
中专/高中及以上	0.274	0.274	0.274	4.901	0
丧偶/离异	-0.444	-0.444	-0.444	-3.374	0.001
其他（复合、间隔等）	-0.474	-0.474	-0.474	-2.515	0.012
外出流动	0.28	0.28	0.28	2.227	0.026
人均住房面积	0.002	0.002	0.002	2.148	0.032
标准核心家庭	0.116	0.116	0.116	2.107	0.035

资料来源：2014 年家庭幸福感热点问题调查。

归纳而言，个体所生活的家庭的结构、人均住房面积、居住地状况，以及个体的婚姻、职业、受教育程度、是否流动等因素对个体的家庭幸福感具有显著影响。具体地，生活在标准核心家庭更有助于提高个体的家庭幸福感，而生活在复合家庭、间隔家庭等其他家庭将不利于个体家庭幸福感的提高。人均住房面积的增加将有助于个体家庭幸福感的上升；外出流动会有效地提升个体的家庭幸福感；丧偶或离异会对个体的家庭幸福感带来显著的负面影响；教育程度为中专、高中及以上的群体更有可能具有较高的家庭幸福感；无工作会明显降低个体的家庭幸福感；对当前居住地环境喜欢程度越高，个体的家庭幸福感越强。

究其本源，一定的物质基础、融洽的家庭关系是家庭幸福感的主要来源。标准核心家庭中家庭关系简单，较为和谐的亲子关系、夫妻关系为家庭幸福感的提升营造了较好的环境氛围；隔代家庭中"中间层"的缺失、隔代间较大的生活阅历、习惯与价值观等的巨大差异均不利于个体家庭幸福感的提高；丧偶、离异不仅是婚姻状况的转变，也是生活方式和社会角色的转变，对个体的日常生活、身心健康产生着较大的负面影响。受教育程度的高低、就业、住房等很大程度上决定着个体的物质与精神生活水平，左右着个体的家庭幸福感。

四　主要结论与启示

通过以上研究，主要得到基本结论：（1）有自己的住房、家人健康和夫妻和谐为影响个体家庭幸福感的主要因素。近80%的被访者家庭生活较为幸福或非常幸福。生活在2人、3人家庭的个体幸福感明显高于单人户、4人及以上等多口之家。（2）夫妇家庭、标准核心家庭中成员的家庭幸福感普遍高于单人户、直系家庭和隔代家庭等。个体所生活的家庭结构、人均住房面积、居住地状况，以及个体的婚姻、职业、受教育程度等因素对个体的家庭幸福感具有显著影响。

上述结论对中国人口与家庭有关政策的启示包括以下几个方面。

首先，家庭规模与家庭结构不仅体现着一定的家庭成员关系，也是家庭生命周期的具体反映。基于不同的家庭规模与结构所反映出的家庭幸福感的特征，国家应在普适的婚姻、就业、住房等公共政策的基础上，区别独身、丧偶、离异等单人户以及老年夫妇家庭、隔代家庭等特殊群体，给予相应的政策倾斜与养老、扶助等福利关爱，提高有成员"缺失"家庭中个体的家庭幸福感。

其次，随着家庭人口数的增多，夫妻关系成为家庭关系的主导，夫妻和谐在家庭幸福感中的决定作用上升。因此，应在教育、就业、社会地位等方面积极倡导男女两性的平等与发展，弱化因性别而产生的两性的不平等，为个体与家庭的健康发展营造好的社会与政策环境。

再次，家庭幸福感建立在一定的物质基础之上，个体的受教育程度、就业状况等直接影响着个体与家庭的经济状况。提高民众的受教育程度，加强劳动力人口的职业技能培训，使有劳动能力与工作意愿者适时就业，获取相应的劳动报酬与社会、家庭地位，将有利于个体及家庭幸福感的提高。

最后，有自己的住房是本次调查中受访者普遍认同的家庭幸福感的重要决定因素，"安居乐业"仍是当前人们的主要生活目标。因此，国家需切实关注民众的这一现实需求，细化城乡、不同区域、不同层次家庭的住房现状与需求，在稳定、发展中满足人们的住房需求。

"信任与被信,都是幸福"

——信任与幸福的关系分析

中国社会科学院社会学研究所副研究员　邹宇春

中央财经大学中国金融发展研究院金融学博士　李建栋

信任是当前政府、社会以及学术界都普遍关注的议题。具有信任感的人,无论是对人、做事还是思考问题,都容易呈现积极的态势,可以减少互动成本,有利于社会稳定,有助于国家和谐。当前政府提出了"依法治国"的战略目标,社会大众有着什么样的信任现状,尤其是对家人、对邻居、对外来人口、对政府、对警察、对法官等信任对象,有着什么样的信任度,将会直接或间接地影响这个目标的实现。

为此,我们通过2014年中国家庭幸福感调查数据,回答以下几个重要问题:(1)我们这个社会是否缺少信任;(2)社会大众如何评估自己是否值得信任;(3)政府获得的信任现状是否符合社会大众对"好政府"的预期。在回答这些问题的同时,我们还一并分析信任与幸福的关系。

这个社会缺少信任?

在这个部分,我们主要分析这么几个问题:(1)受访者对不同的信任对象有什么样的信任度？（2）在所有的信任对象中，谁获得信任度最高，谁获得的信任度最低？（3）总的来说，社会上可以信任的人多吗？调查中，我们提供了十几类信任对象（见图1），请受访者评估对他们的信任程度。分析中，我们将"完全信任"和"比较信任"相加求和后，与"不太信任"和"根本不信任"之和进行比较。若前者大于后者，则表示对此信任对象"信任"，反之则为"不信任"。

结果显示，**对家人的信任程度最高**。一方面"完全信任"占比最高，另一方面选择"根本不信任"的人数为0。对邻居的信任虽然不及对家人的信任，但也非常显著。对邻居的信任评估，"完全信任"与"比较信任"之和仅次于对家人的信任。**对陌生人的信任程度最低**，一方面"完全信任"占比最低，另一方面选择"根本不信任"的人数是所有项目中最高的。

在这些信任对象中，由于对家人、邻居、外来人口、陌生人的信任发生在制度组织之外，属于人际关系中的信任，我们暂且把它们统称为"人际信任"。从图1中可见，对家人有非常高的信任（99.6%），其次是对邻居（92.7%）。对"外来人口""陌生人"的信任急剧降至非常低的水平，社会大众对这三类人总体上都是"不信任"。**可见，人际信任内部呈现很大的差异，社会大众更容易信任与自己关系密切的人。**

相对来说，其他的信任对象或多或少都是依托组织、制度才出现的，都代表了某种制度身份，我们把他们暂且统称为"制度信任"。调查显示，社会大众对他们的信任保持在很高的水平上，总体上都是信任。尤其，对"科学家""警察""政府""医生""法官/法院""居委会干部"的"完全信任"甚至都要高于对邻居的信任水平。**这体现着中国集体主义社会的特征。某种程度上，人们更愿意相信组织、相信制度。**

　　对"居委会干部"的信任，在各项组织制度角色代表里排在首位。从某种程度上说明社会大众对自己身处社区/居委会的工作非常信任。不过，**对"商人或各类经济组织"的信任总体上是不信任的。这是我国发展市场经济 30 年来仍然需要改善的地方。**在消息源上，社会大众信任国内广播电视报刊上的新闻的比例达到 71.0%，但互联网上消息的信任度仅为 34.1%，后者比前者低了近 40 个百分点，说明**社会大众对传统媒介的信任度要远高于互联网消息。**

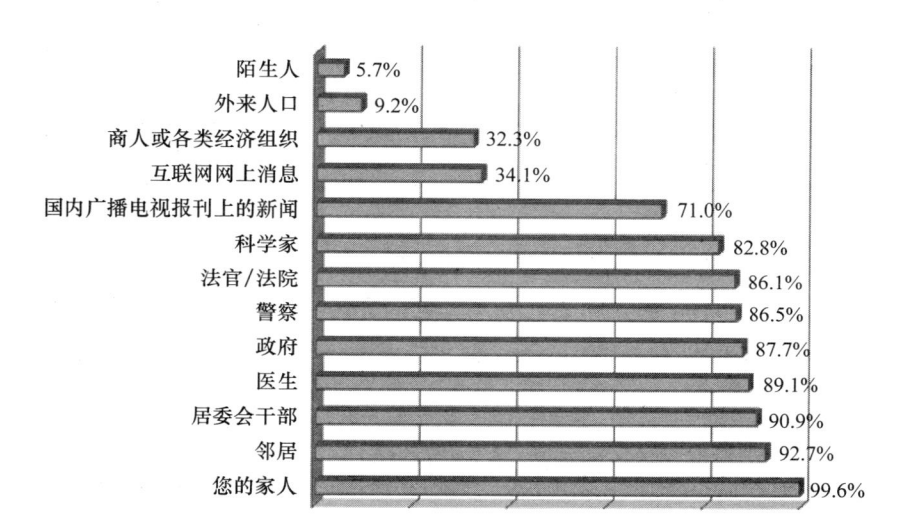

图1　社会大众对各类信任对象的信任水平

　　此外，我们问受访者"对于您来说，您觉得社会上可以信任的人多吗?"，结果发现认为"非常少"和"比较少"的比例约为一成（11%）；相反，认为"非常多"和"比较多"的比例之和达到 47%，认为"一般"的比例也达到 42%。**虽然大众对某些特殊领域的信任度有待改善，但对社会整体仍旧持有信任态度。**

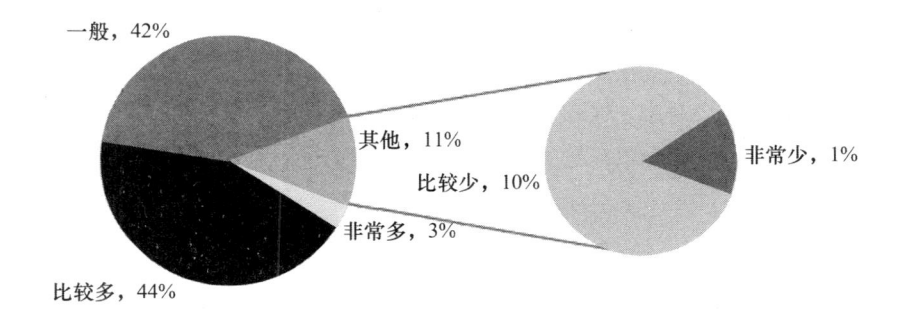

图2 "社会可以信任的人多吗?"的评估比例

"自己能够被人信任吗?"

除了对社会上其他信任对象的评估,我们也分析了社会大众对自己的可信任品质是如何评估的。调查中,受访者被询问"就您自己而言,您是不是一个容易被人信任的人?",89.5%的人回答为"是",仅有10.5%的受访者回答"不是"。可见,**绝大多数的人都是认为自己是能够被信任的人,这恰是我们这个社会得以稳定发展的群众基础。**

虽然绝大多数人认为自己是容易被人信任的,但"陌生人"得到的信任度却非常低。数据中,只有5.7%的人认为 陌生人是可以信任的。认为自己值得信任的人,也许就是他人眼中的陌生人,**这两者存在的差异说明三个问题。第一,信任是一种双向关系,我信任你并不代表你信任我,而我不信任你并不意味着你就一定会不信任我。第二,信任评估中,评估自己和评估陌生人的标准是不一样的,评估人对自己的品质很清楚,对他人的信息却很难充分了解,相对来说更容易形成对自己的信任评估。此外,宏观来讲,目前有关信任评估的新闻和舆论环境需要改善,当前的新闻报道为吸引收看率更愿意报道违约背信之事,对陌生人有"污名化"之嫌,造成**

对陌生人的信任困难。

把对陌生人的信任评估和对"自己是不是一个容易被人信任的人"做交互分类及相关显著性检验（$P = 0.02 < 0.05$），结果发现，认为自己更容易成为被信任的人，更容易信任陌生人。尤其，在那些认为自己容易得到别人信任的受访者中，把他们认为自己受信任的原因和与他们对陌生人的信任评估做相关分析，同时，在那些认为自己不易被信任的受访者中，把他们认为自己不被信任的原因和对陌生人的信任评估做相关分析，结果同时发现，是否自信和是否有很好的办事能力，在这两个分析中有显著相关性。这在某种程度上说明，**充满自信、具有良好办事能力的人，不仅更容易获得别人的信任，也更愿意相信别人。**

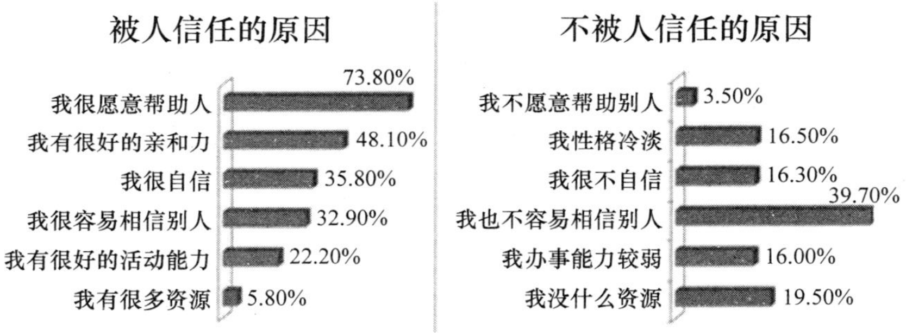

被人信任的原因

- 我很愿意帮助人 73.80%
- 我有很好的亲和力 48.10%
- 我很自信 35.80%
- 我很容易相信别人 32.90%
- 我有很好的活动能力 22.20%
- 我有很多资源 5.80%

不被人信任的原因

- 我不愿意帮助别人 3.50%
- 我性格冷淡 16.50%
- 我很不自信 16.30%
- 我也不容易相信别人 39.70%
- 我办事能力较弱 16.00%
- 我没什么资源 19.50%

图 3　信任和不信任的原因比较

政府是不是"好政府"？

"您觉得一个政府能得到多少百姓的信任，就是好政府？"数据比例最多的是认为必须得到80%以上的信任才是好政府，达到一半以上。另有1/3的被调查者选取60%以上。另有接近10%的受访者选取50%以上。仅有不足2%的受访者认为低于50%（0.6%选取

20%以上，1.4%选取40%以上）。5%左右的受访者对此问题不知怎么回答。说明得到80%以上百姓信任的政府才会被认为是好政府。相比国外，中国作为一个历史上一直处于中央集权的国家，我们不奇怪民众对政府的信任度具有如此高的"苛求"。

尽管要求的比例如此之高，我们的政府还是达到了这个标准。调查中，受访者对政府的信任评估显示，57%的人"比较信任"政府，30.9%的人"完全信任"政府，说明有87.8%的人是信任政府的。由此可见，对老百姓而言，我们的政府是被大多数人认可的"好政府"。

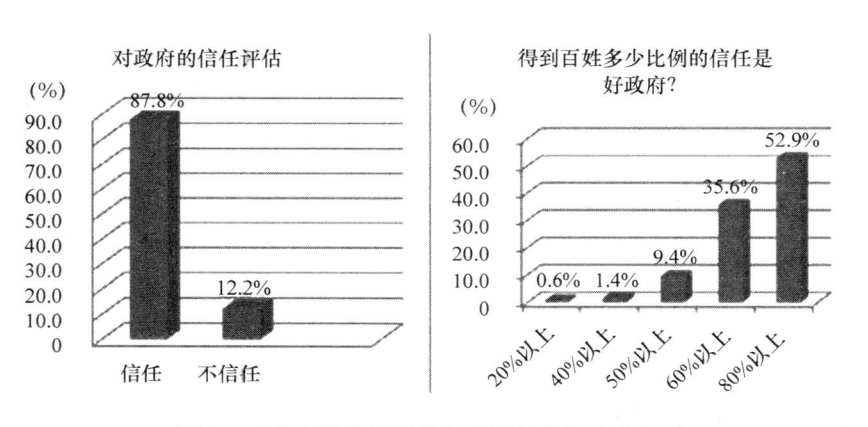

图4　对政府的信任评估与老百姓的好政府标准

信任和被信，都是幸福的？

信任，其实是一种对他人即将发生行为的积极性预期。通俗地说，如果信任对方，就相信对方会考虑自己的利益，所作所为不会对自己造成伤害。而幸福感，是一种主观感受，是对生活质量相当满意的一种心理状态。那么，对他人行为有了积极的预期，和幸福感有什么关系？

　　微观来说，信任受到很多因素影响，比如个人品质、个人抗拒背信风险的能力、信任对象的品质等。一个人天生就是乐天派，愿意付出、喜欢帮助他人，也就容易信任别人；或者某个人不付出信任的主要原因在于惧怕对方背信、会给自己造成损失，但若在经过权衡后，估量自己有抗拒背信风险的能力和资源，多数情况下就会选择信任对方，并发生相关信任行为，比如与对方签订合同、借钱给对方。再比如，在经过多方信息综合，发现对方确实具有可以信任的品质，是可以信任的，从而信任对方。无论是哪种因素，都可以看出一点，信任他人能带给自己种种好处，其实是生活的润滑剂。如果信任水平低，例如，觉得素不相识者无论是求自己帮助还是想帮助自己，都可能是居心不良，在这样一种破裂的信任网下，人们将生活在猜疑、惶恐、忐忑之中，这个社会将变得冷冰冰，很难会有幸福的感觉。

　　因此，我们把对"觉得社会上可以信任的人多吗"这个指标与家庭幸福感评估做相关统计检验。把"非常多"和"比较多"合并"多数人"，把"比较少"和"非常少"合并为"少数人"，结果发现，认为社会上"少数人"可以信任的人中，觉得家庭"不幸福"的比例为4.6%，而认为社会上"多数人"可以"信任"的人觉得家庭"不幸福"比例为1.0%，前者高于后者；相反，觉得社会上"少数人"可以信任的人，觉得家庭"幸福"的比例为61.7%，而觉得社会上"多数人"可以信任的人觉得家庭"幸福"比例高出前者约23个百分点。可见，觉得社会上有很多人可以信任的人，也感觉家庭是幸福的，信任感和幸福感有着很强的相关性（相关系数0.189，$P = 0.00 < 0.001$），即，信任别人的人，更容易感觉家庭幸福。

　　同时，把"您是不是一个容易被人信任的人"指标与家庭幸福感评估做相关分析，结果也发现，两者有很显著的相关（卡方值

74.96，P = 0.00 < 0.001）。觉得自己"不容易被信任"的人中，觉得家庭"不幸福"的比例为 6.2%，而觉得自己"容易被信任"的人中，觉得家庭"不幸福"的比例为 1.3%，比例少了约 4 个百分点。相反，觉得自己"容易被信任"的人中，觉得家庭"幸福"的比例为 78.1%，而"不容易被信任"的人觉得家庭"幸福"的比例则少了约 17 个百分点。这说明，觉得自己被别人信任的人，家庭幸福感越明显。

除了上面信任与家庭幸福感两个概念的广泛的联系之外，我们还特地分析信任与个人幸福感的关系，结果发现了同样规律的相关关系。可见，**信任别人以及被别人信任，在某种程度上都意味着更容易有家庭幸福感和个人幸福感。为了更幸福，全社会都需要营造一种信任的氛围。人与人之间多一份信任，我们的生活就多一分幸福。**

总结与启示

总的来说，这次调查显示我国在某些方面存在信任不足，但这个社会仍是充满信任的社会，而信任环境里的民众更容易感到家庭和个人幸福。当前所说的"信任危机"，主要表现为某件具体事情或某类人群及制度组织所遭遇的低信任度问题。比如，商人或商业组织、外来人口、陌生人、网络信息等，得到的信任度都很低，需要政府与社会予以重视。不过，社会大众对各制度组织代表的信任比较一致，信任度都比较高。尤其，民众对政府持信任态度的比例达到80%以上，政府是民众眼中的"好政府"。

可以说，坚实的群众基础，是我国能够集中力量办大事、依法治国、促进国家全面发展和社会公正的有力保障。社会各界及当前政府都应该惜之、敬之，给予社会大众足够的尊重和关注，"把人民的期待变成政府的期待，把人民的希望变成生活的现实"，让群众基础变得更牢、更稳。为此，针对调研中发现的问题，集中提出以下几点建议。

第一，发动各方力量协助外来人口的良性社会融入，尽快降低外来人口与本地人的制度区隔，以促进外来人口与本地人的相互信任。 随着社会流动的加快以及"三个一亿人"目标的提出，外来人口与本地人之间的信任问题是社会稳定、地区发展的关键。社会各界应有此共识，放宽心态、端正态度、积极行动，协助外来人口尽快实现良性的、能复制的社会融入模式。根据各地区实情，制定出整顿各地的外来人口制度和规定，"求同存异"，"抓大放小"，从制度上消除本地人对外来人口的偏见和误解，提升他们相互信任的程度。

第二，尽快建立社会信用终身制，保证畅通的信任信息平台，为信任评估提供参考和制度依托。 随着社会活动范围的不断扩大，与越来越多的陌生人打交道是不可避免的事情。此外，进入消费社会后，商人或商业组织也成为日常生活必须面对的互动对象。如果不能提升社会大众对陌生人、商人的信任，势必会耗费巨大的互动成本，提高交易难度，降低社会运行效率。因此，应尽快试点先行，为个人、商人及商业组织建立信用档案，与各项社会活动联网挂钩，对重大背信和守信行为予以记录，为相关信任评估提供重要参考。

第三，引导并规范各类媒体，鼓励他们为提升社会信任环境发挥正确、有效的宣传和监督职能。 新闻媒体在培育社会信任环境中有着不可或缺的地位。除了日常生活的亲身经历，社会大众对社会对象做信任评估时非常依赖各类新闻媒体的宣传信息。能否提供真实、有效、健康的信息，是各类媒体的职业要求，事实上大部分媒体也是这么做的，值得称道。不过，为吸引大众的眼球，部分媒体

（尤其是网络平台）违背职业规范，提供片面、夸大或虚拟化的信息，或对一些负面事件过度报导，这不利于社会大众做出有效、合理的信任评估，应当予以纠正和自查，重新承担起为社会传播正能量、提升社会信任的义务和责任。

第四，加强国民教育，强调提升社会信任要从加强自我建设做起，以自强、自信、信他人为目标，从而实现个人和家庭的幸福。调研表明，充满信任和被人信任的人，是幸福的。自信的人更容易信任他人。因此，提升社会信任环境还应从提升社会个人素质、加强自我建设做起。改善自我，人人都自觉地成为提升社会信任环境任务的一分子，为创建良好的社会氛围添砖加瓦。

居住环境、住房、居留意愿与家庭幸福感

中国社会科学院人口与劳动经济研究所副研究员　王　磊

　　伴随着我国经济的高速发展，居民收入水平大幅提升，近十多年以来人民群众的住房需求高涨，住房成为影响家庭幸福感的重要因素。同时，人口流动日益普遍，流动人口规模日益庞大，流入地外来人口的居留意愿也与家庭幸福感密切联系，提高城市外来人口家庭幸福感是提升他们居住意愿的重要手段。

　　在对于家庭幸福感的测量上，调查中我们采取了两种方式。一是直接让被访者回答家庭幸福程度，在"非常幸福、比较幸福、一般、比较不幸福、非常不幸福"进行选择，由于选择"比较不幸福"和"非常不幸福"的情况很少，下面分析中将"比较不幸福"和"非常不幸福"两项合并为"不幸福"。二是让被访者在0—10分进行打分，之后我们将家庭幸福感得分进行标准化，从而在不同群体间进行比较，下面分析中涉及的幸福感得分均指"标准化的幸福感得分"。

一　居住环境与家庭幸福感

　　人是社会关系的总和，社会性是人的本质属性。无论是个人还是全部家庭成员，他们都在群体之中生存，在邻里之间居住，在一

定的村落或社区中生活，在特定的场所或单位工作，他们的家庭幸福感不可避免地受到这些居住环境的影响。

1. 邻里交往越容易，家庭幸福感越高，非本地户籍的家庭幸福感更高

"远亲不如近邻"是传统社会中的俗语，这说明了邻居对于家庭日常生活的重要意义。近年来，邻里交往淡化是一个大趋势，城市里的情况尤为严重。本次调查发现，邻里交往难易程度和家庭幸福感之间的关系具有鲜明的规律性。总的来说，邻里交往越容易，家庭幸福感越高。比如，邻里交往"很容易"的家庭幸福感为"非常幸福"的比例超过40%，为"非常幸福"与"比较幸福"的合计比例超过80%，而且，为"不幸福"的比例很小。相对应的，邻里交往"不容易"的家庭幸福感为"非常幸福"的比例很小，为"非常幸福"与"比较幸福"的合计比例则超过40%，而且，为"不幸福"的比例很大、接近20%（见图1）。

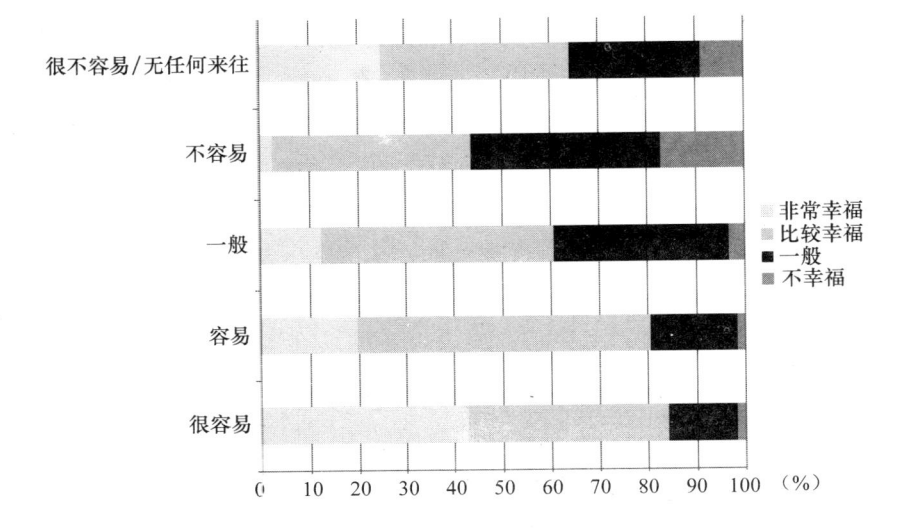

图1　邻里交往与家庭幸福感

邻里交往越容易，外地户籍的家庭幸福感越高。与本地户籍家庭相比，邻里交往"很容易""容易""一般"和"不容易"的非本地户籍家庭幸福感得分更高，邻里交往"很不容易"和"无任何来往"的非本地户籍家庭幸福感得分更低（见图2）。

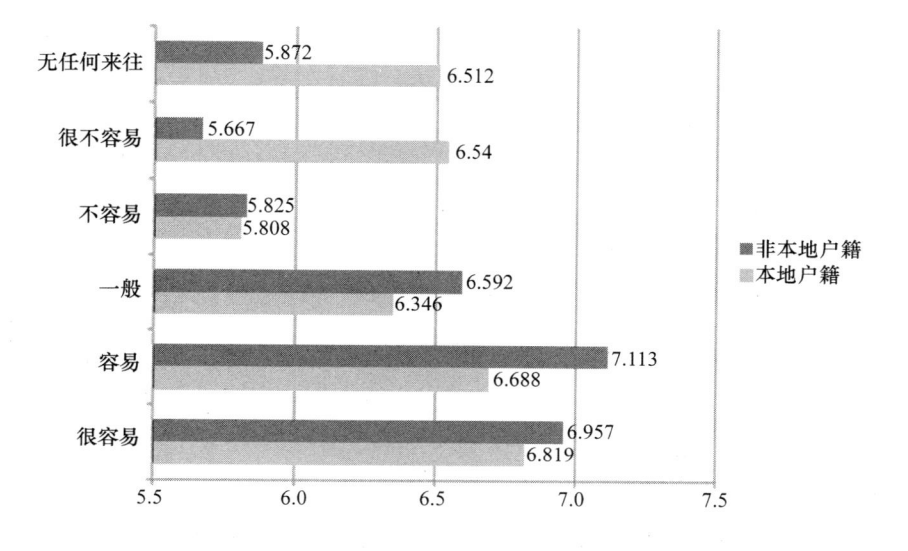

图2　邻里交往与家庭幸福感得分

2. 对所居住社区越喜欢，家庭幸福感越高，非本地户籍的家庭幸福感更高

所居住社区的环境会对家庭幸福感有重要影响，安全、便利、友好与和谐的居住社区是提升家庭幸福感的重要因素。调查证实，对所居住社区的喜欢程度越深的家庭幸福感越高。比如，"很喜欢"所居住社区的家庭"非常幸福"的比例超过50%，"非常幸福"与"比较幸福"的合计比例接近90%，"不幸福"的比例很小，而"一般"喜欢所居住社区的家庭"非常幸福"的比例不到20%、"非常幸福"与"比较幸福"的合计比例不到60%（见图3）。

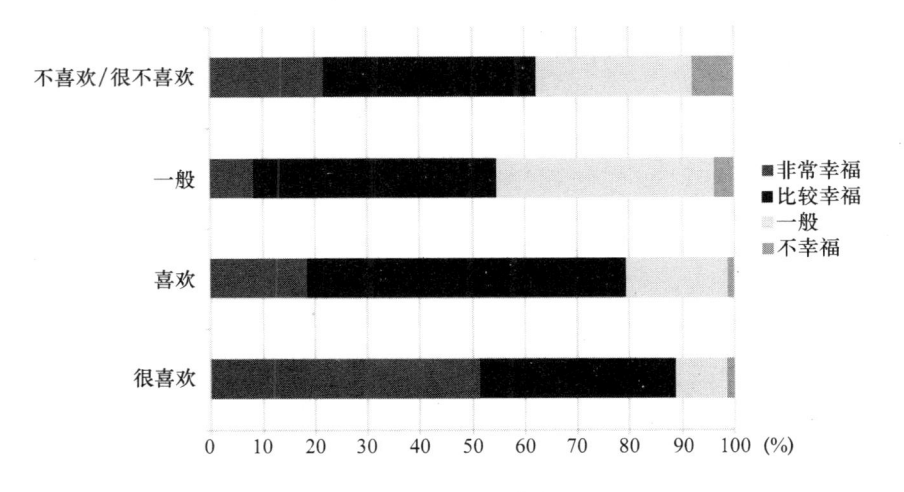

图 3　居住社区与家庭幸福感

在对居住社区评价的各个类别中，非本地户籍的家庭幸福感得分均要高于本地户籍家庭（见图 4）。"很喜欢""喜欢"所居住社区的非本地户籍的家庭幸福感得分分别为 7.081 分和 7.025 分，是

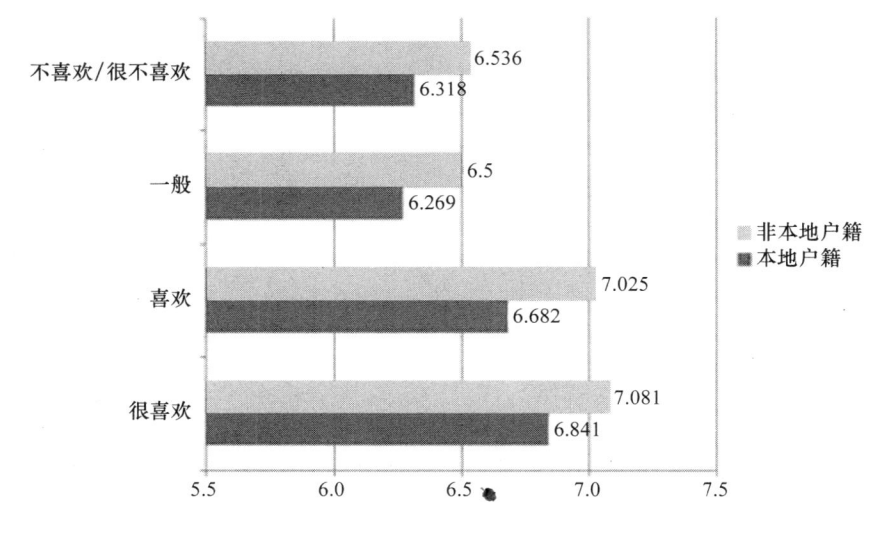

图 4　居住社区与家庭幸福感得分

家庭幸福感得分最高的两种情况。

3. 对工作场所/单位越喜欢，家庭幸福感越高

社会上的大部分劳动年龄人口都要通过工作获得收入、维持生存和享受生活，工作场所/单位是人们重要的社会交往场所，工作环境会影响到个体情感认知和情绪体验，也必定会对家庭幸福感产生直接影响。调查表明，对工作场所/单位越喜欢，家庭幸福感越高。"很喜欢"工作场所/单位的家庭幸福感为"非常幸福"的比例接近60%、"非常幸福"和"很幸福"的合计比例超过90%、"不幸福"的比例极低；"不喜欢/很不喜欢"工作场所/单位的家庭幸福感为"非常幸福"的比例不到15%、"非常幸福"和"很幸福"的合计比例不到50%、"不幸福"的比例超过10%（见图5）。

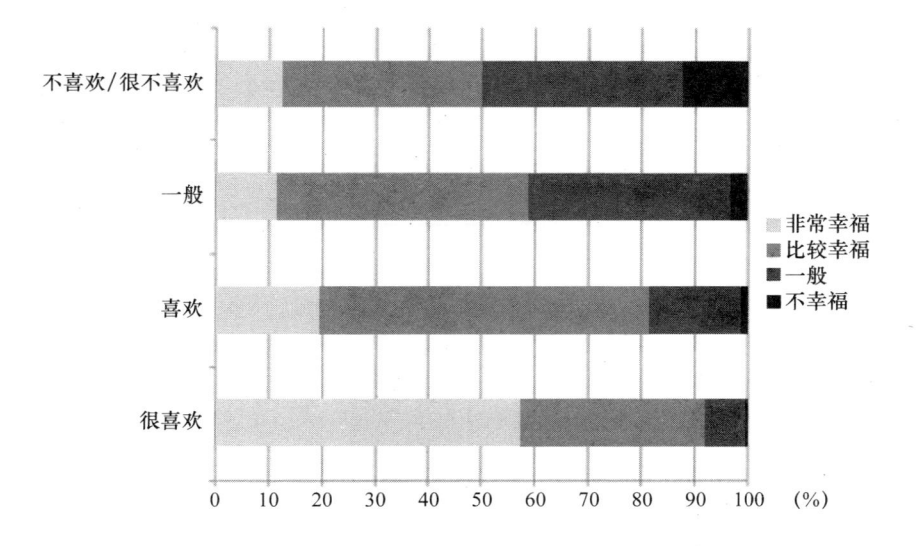

图5　工作场所/单位与家庭幸福感

户籍状况对工作场所/单位与家庭幸福感之间关系的影响，交往复杂。比较而言，"不喜欢/很不喜欢"和"很喜欢"工作场所/

单位的本地户籍家庭的家庭幸福感得分更高，对工作场所/单位评价为"喜欢"和"一般"的非本地户籍家庭的家庭幸福感得分更高（见图6）。特别需要指出的是，"不喜欢/很不喜欢"工作场所/单位的非本地户籍的家庭幸福感得分非常低（只有5.691分），"喜欢"工作场所/单位的非本地户籍的家庭幸福感得分最高（7.065分），这表明，对外来人口来说，工作环境对他们的家庭幸福感有非常明显的影响。

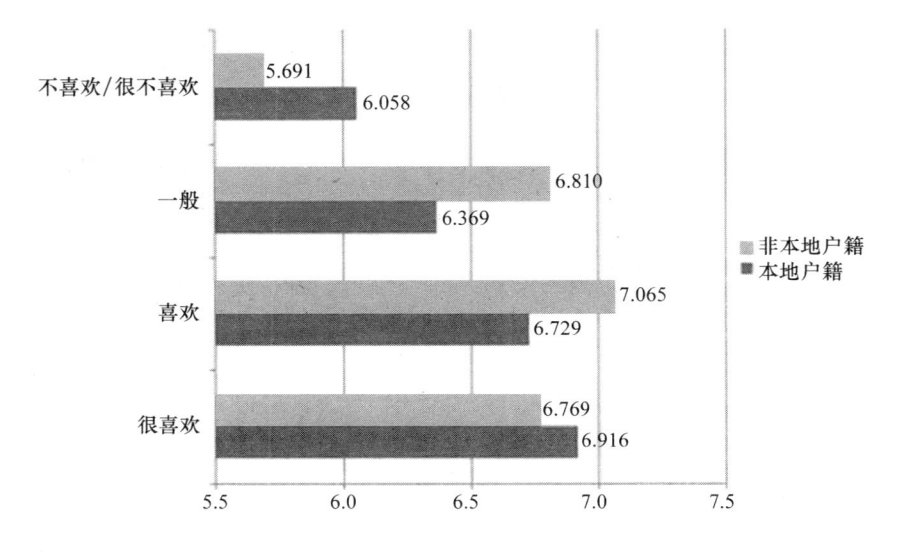

图6 工作场所/单位与家庭幸福感得分

4. 对居住地越喜欢，家庭幸福感越高，非本地户籍的家庭幸福感更高

居住环境是分层次的，除了邻里、居住社区和工作场所/单位以外，居住地（所居住的乡村、城镇或城市）也是居住环境的重要组成，居住地对家庭幸福感的影响也不可忽视。调查表明，对居住地越喜欢，家庭幸福感越高。比如，"很喜欢"居住地的家庭"非

常幸福"的比例接近 60% 、"非常幸福"和"比较幸福"的合计比例约为 90% 、"不幸福"的比例很小；"不喜欢/很不喜欢"居住地的家庭"非常幸福"的比例不到 20% 、"非常幸福"和"比较幸福"的合计比例略超过 50% 、"不幸福"的比例超过 10% 。

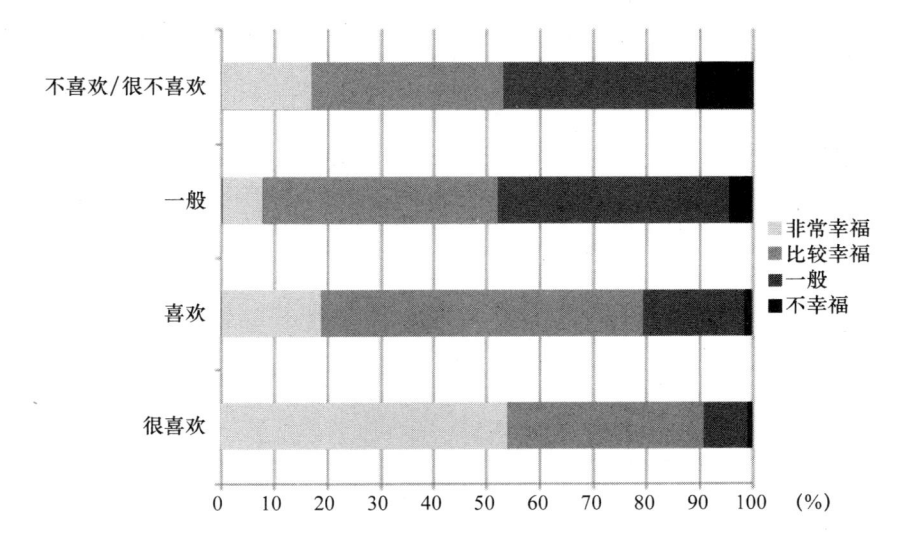

图 7　居住地与家庭幸福感

比较而言，总的来说，在对居住地评价的各个类别中，非本地户籍的家庭幸福感得分更高。对居住地评价为"很喜欢""喜欢"和"一般"的非本地户籍的家庭幸福感得分均超过本地户籍家庭，其中，"喜欢"居住地的非本地户籍的家庭幸福感得分最高（7.103 分）。但是，"不喜欢/很不喜欢"居住地的非本地户籍的家庭幸福感得分要明显低于本地户籍的情况（见图 8）。

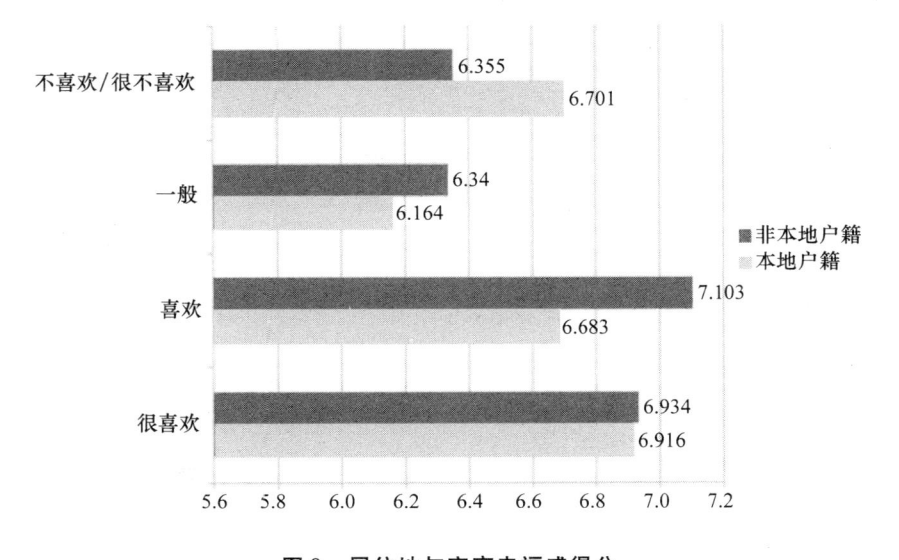

图 8　居住地与家庭幸福感得分

二　住房与家庭幸福感

　　近十年来，住房与家庭幸福感的关联在逐渐增加，有无住房、有几套住房、住房的地理位置、住房的面积大小、住房的来源都成为牵动居民和社会大众的敏感问题，住有所居成为影响家庭幸福感和社会和谐的一个关键问题。

　　1. 住房来源为经济适用房的本地户籍的家庭幸福感最高，住房来源为租赁廉租住房的非本地户籍的家庭幸福感最低

　　在全部有明确住房来源的情况中，购买经济适用房的家庭幸福感最高，其次是购买商品房，租赁廉租住房的家庭幸福感最低。调查表明，购买经济适用房的家庭"非常幸福"的比例最高（接近40%），租赁廉租住房的家庭"不幸福"比例最高（超过10%）（见图9）。

　　分户籍看，购买经济适用房的本地户籍的家庭幸福感得分最高

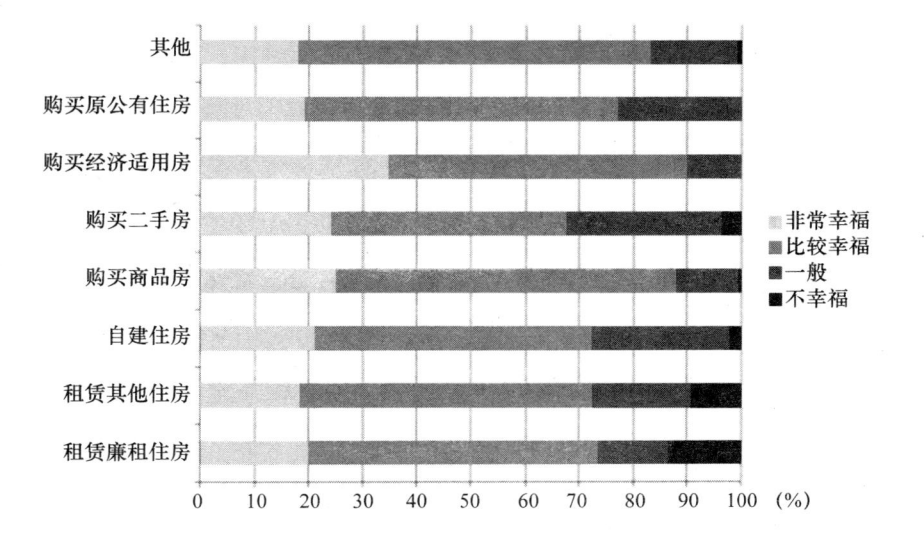

图 9　住房来源与家庭幸福感

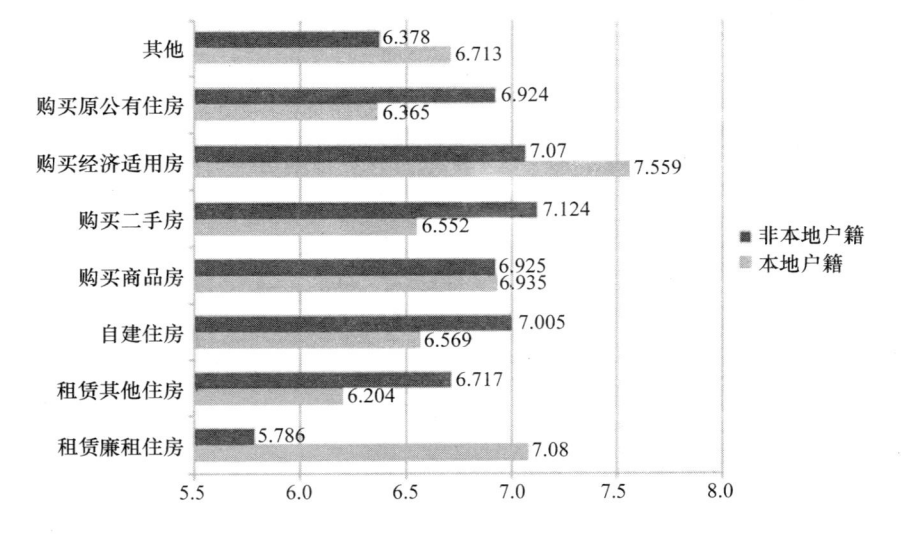

图 10　住房来源与家庭幸福感得分

（7.559 分），租赁廉租住房的非本地户籍的家庭幸福感得分最低（5.786 分）。另外，从各类住房来源的不同户籍之间的家庭幸福感得分差值来看，住房来源为"购买商品房"的差距最小，住房来源为"租赁廉租住房"的差距最大。上述这些数据说明，基于户籍的福利住房机会不均对不同户籍的家庭幸福感有重要影响。

2. 住房面积越大，家庭幸福感越高，非本地户籍的家庭幸福感更高

住房是家庭最为重要的物质基础，一方面，住房面积决定了住房能否满足家庭成员的基本居住需求；另一方面，住房面积也决定了家庭成员的居住舒适程度，它是家庭幸福感的物质基础。一般而言，住房面积与家庭幸福感之间是正向相关关系，调查数据也证实了这一点。随着住房面积的增加，家庭幸福感为"非常幸福"和"比较幸福"的合计比例在逐渐增加，家庭幸福感为"不幸福"的比例则逐渐减小（见图 11）。

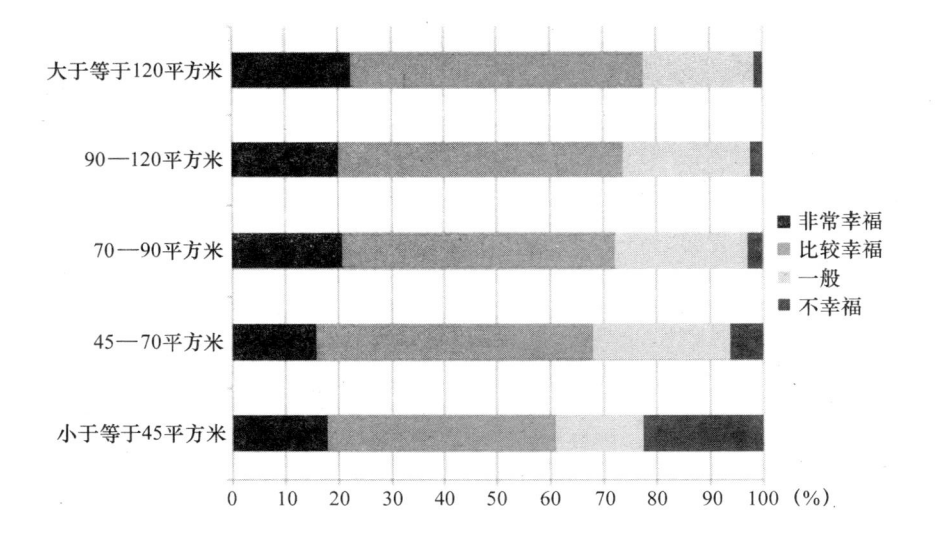

图 11 住房面积与家庭幸福感

　　在住房面积的每个类别中，非本地户籍的家庭幸福感得分全部高于本地户籍（见图12）。另外，住房面积越小，非本地户籍家庭幸福感得分与本地户籍家庭幸福感得分的差值越大，比如，当住房面积为"小于等于45平方米"时，家庭幸福感得分的差值为0.764分（7.124 - 6.360分），当住房面积为"大于等于120平方米"时，家庭幸福感得分的差值减小到0.277分（6.977 - 6.700分）。这说明，与非本地户籍家庭相比，本地户籍家庭幸福感与住房面积的关系更大。

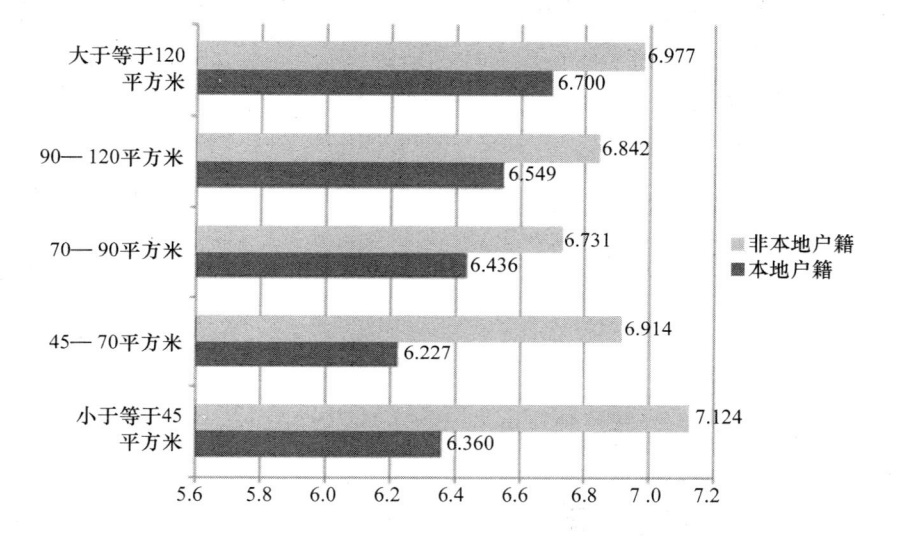

图12　住房面积与家庭幸福感得分

　　3. 有在当地购房计划的家庭幸福感更高，非本地户籍的家庭幸福感更高

　　调查表明，有在现居住地购房计划的家庭幸福感更高，有在当地购房计划的家庭"非常幸福"的比例达到30%、"非常幸福"和"比较幸福"的合计比例超过80%，而没有在当地购房计划的家庭"非常幸福"的比例仅为20%（见图13）。

　　从家庭幸福感得分看，有在当地购房计划的非本地户籍的家庭

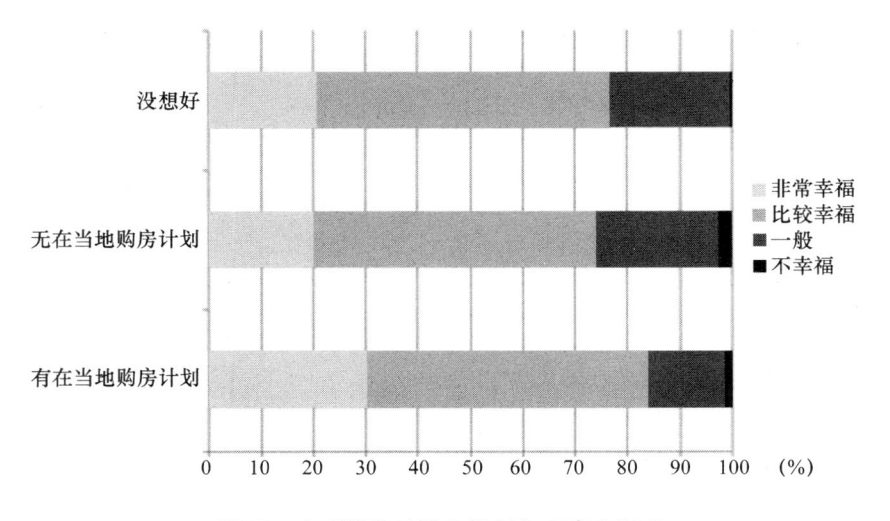

图 13　在现居住地购房计划与家庭幸福感

幸福感最高（7.200 分），没有在当地购房计划的本地户籍的家庭
幸福感最低（6.563 分）（见图 14）。

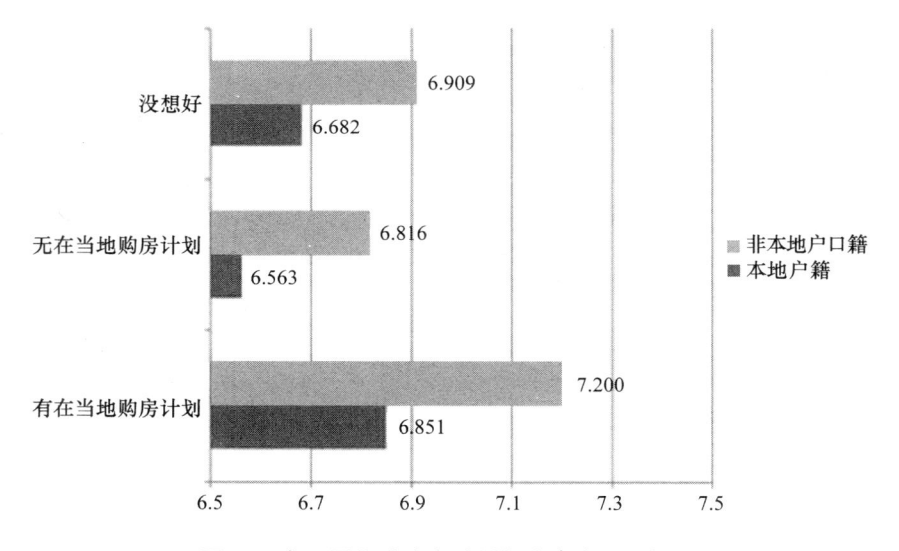

图 14　在现居住地购房计划与家庭幸福感得分

4. 计划购房时间越短的家庭幸福感越高,非本地户籍的家庭幸福感更高

调查数据说明,计划购房时间越短,家庭幸福感越高。比如,当计划购房时间为"一年内购房"时,家庭幸福感为"非常幸福"的比例达到40%、为"非常幸福"和"比较幸福"的合计比例超过90%;而当计划购房时间为"十年内购房"时,家庭幸福感为"非常幸福"的比例不到30%、为"非常幸福"和"比较幸福"的合计比例不到80%(见图15)。

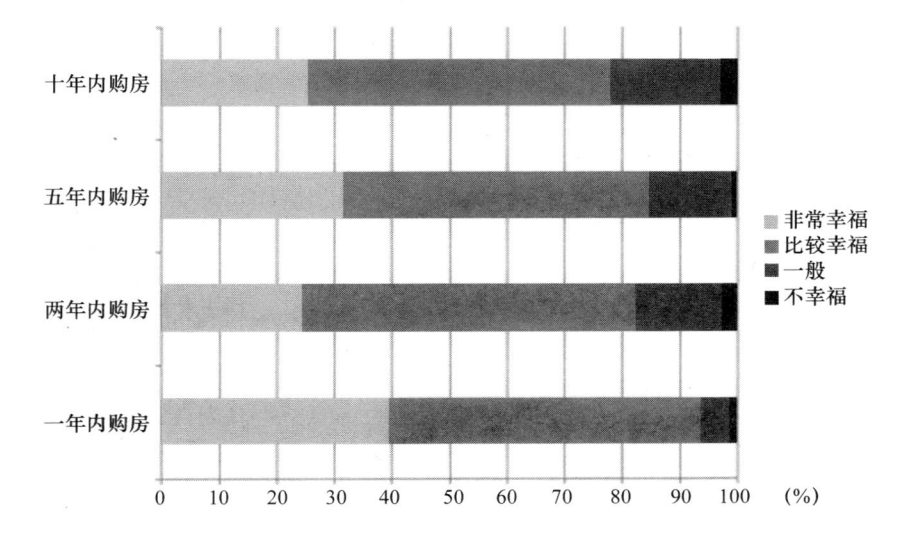

图15 计划购房时间与家庭幸福感

从家庭幸福感得分看,在计划购房时间的各个类别中,非本地户籍的家庭幸福感得分均要高于本地户籍,其中,计划五年内购房的非本地户籍的家庭幸福感得分最高(7.287分),计划十年内购房的本地户籍的家庭幸福感得分最低(6.203分)(见图16)。

5. 为投资而购房的家庭幸福感最高,为解决住房问题而购房

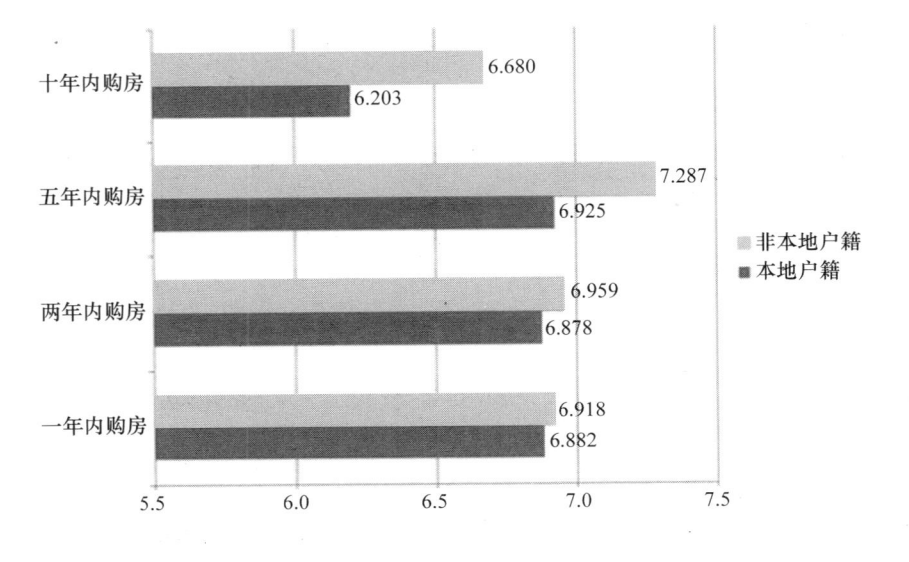

图 16　计划购房时间与家庭幸福感得分

的家庭幸福感最低，想通过购房留在本地的非本地户籍的家庭幸福感得分最高。

调查表明，有购房计划的并且计划购房原因为投资的家庭幸福感最高，为解决住房问题而购房的家庭幸福感最低。比如，为投资而购房的家庭幸福感全部为"非常幸福"和"比较幸福"，而未解决住房问题而购房的家庭幸福感为"非常幸福"的比例不到30%、为"非常幸福"和"比较幸福"的合计比例略超过60%（见图17）。另外，计划购房原因为"想通过买房留在本地""为子女买房"和"改善住房条件"的家庭幸福感比较接近，并且分布也比较类似。

从家庭幸福感得分看，计划购房原因为"想通过买房留在本地"的非本地户籍的家庭幸福感得分最高（9.000分），计划购房原因为"解决住房问题"的本地户籍的家庭幸福感得分最低（6.183分）。从户籍差异看，计划购房原因为"投资"的本地户籍的家庭幸福感得分高于非本地户籍，其他计划购房原因的情况全部为非本地户籍家庭幸福感得分更高。

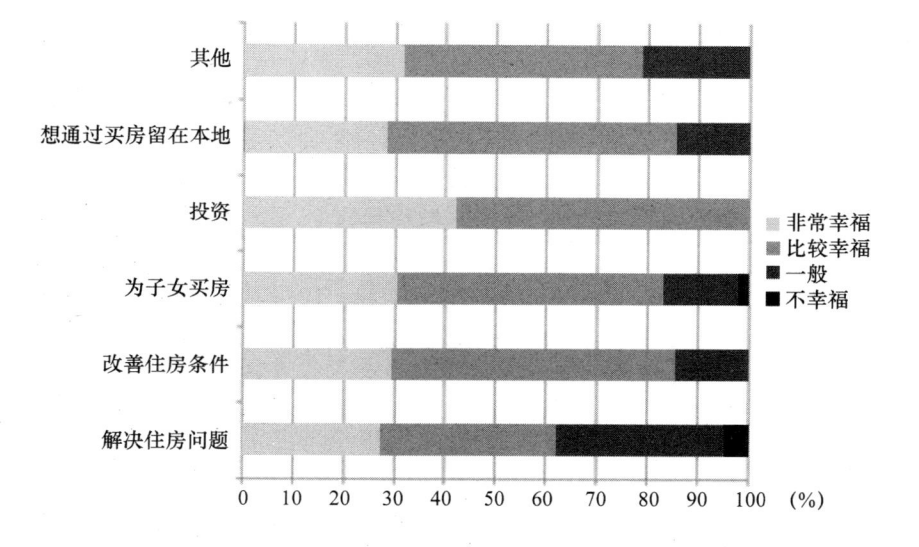

图 17　计划购房原因与家庭幸福感

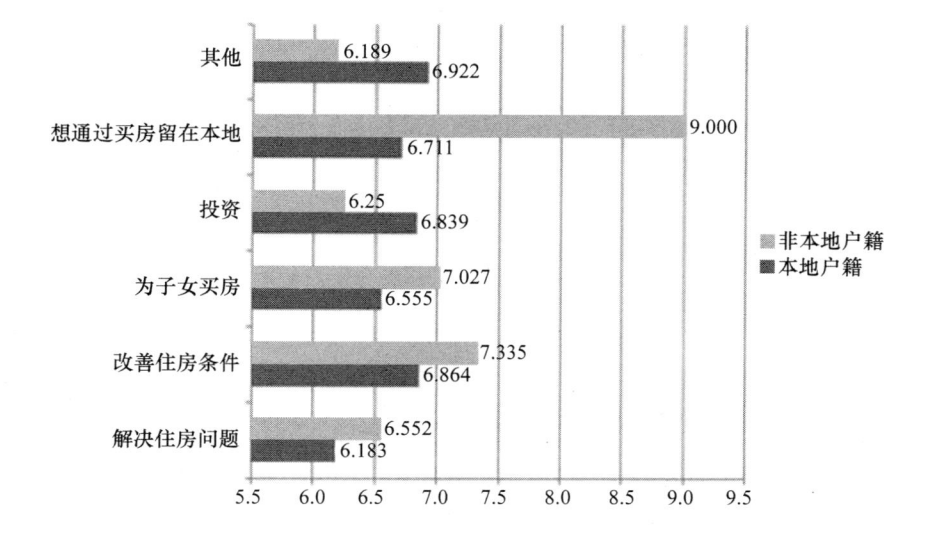

图 18　计划购房原因与家庭幸福感得分

三　居留意愿与家庭幸福感

对于非本地户籍人口而言，是否愿意留在本地与他们的家庭幸福感之间具有密切联系。调查表明，"长远看来，想定居本地"的家庭幸福感为"非常幸福""比较幸福"的合计比例超过80%，比"长远看来，不想定居本地"的家庭幸福感为"非常幸福""比较幸福"的合计比例高出10%（见图19）。

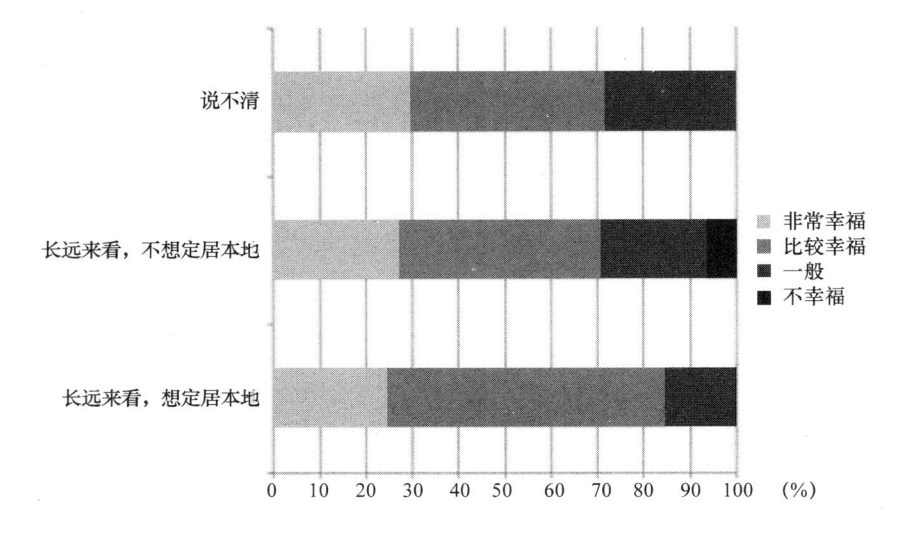

图19　非本地户籍人口居留意愿与家庭幸福感

从家庭幸福感得分看，"长远来看，想定居本地"的非本地户籍的家庭幸福感得分为6.995分，高于"长远来看，不想定居本地"的家庭幸福感得分（6.532分）（见图20）。可见，对于外来人口而言，居留意愿与家庭幸福感之间具有正向相关关系，越想留在本地的家庭幸福感得分越高。

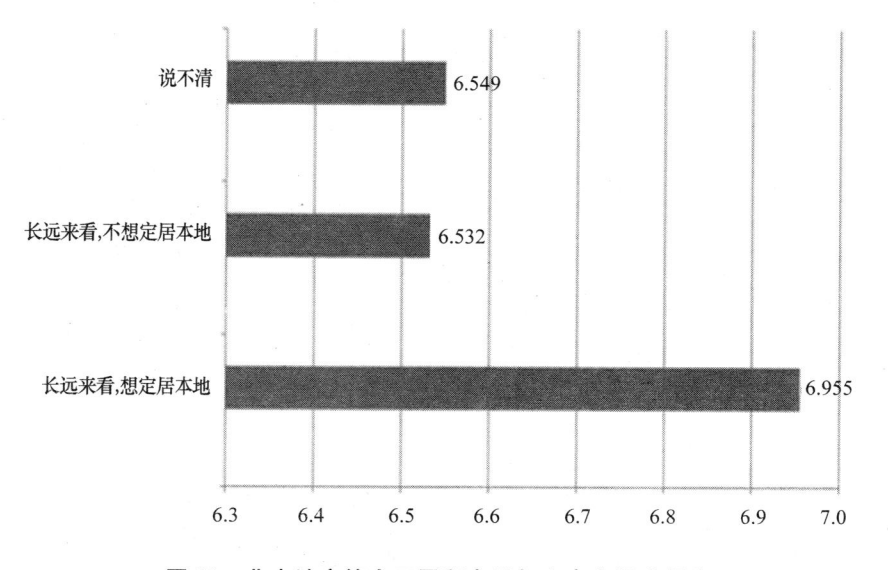

图20 非本地户籍人口居留意愿与家庭幸福感得分

四 结语

简单来说，本次调查结果显示，居住环境、住房和居留意愿对家庭幸福感均有显著影响，本地户籍和非本地户籍家庭幸福感得分存在明显差别。具体而言，主要调查结果表明：（1）对邻里交往、居住社区、工作单位/场所、居住地的评价或好恶越积极，感到家庭幸福的比例越大；（2）住房来源具有福利色彩、住房面积更大、有购房计划、购房计划时间更短、购房目的是投资，感到家庭幸福的比例更大；（3）非本地户籍人口的家庭幸福感越大，他们的居留意愿越强，想通过购买住房而留在本地的幸福感更强；（4）比较而言，各类情况下的非本地户籍家庭的幸福感得分要高于本地户籍家庭。

这些调查结果表明：（1）居住环境和住房不单是人们日常生活的基本条件，它们对家庭幸福感也起关键作用；（2）房地产业的健康发展关系到普通百姓的家庭幸福，住有所居只是人们生存和生活的基本条件，拥有住房、拥有住房的公平性和拥有更好居住条件的住房才是中国人家庭幸福感的关键影响因素；（3）与本地家庭相比，离开家乡、流入本地工作和生活的人们对于居住环境和住房状况的幸福感得分更大，流入地整体环境优于流出地也是关键原因。

鉴于以上研究结论，国家和社会需要采取措施着力提升居住社区、工作场所/单位和居住地的和谐环境建设，满足人民群众不断增长的基本住房需求，促进住房获取过程中的公平程度，以有效提升人民的家庭幸福感。同时，国家仍需要采取各类政策、制度、措施和手段来加快实现区域经济社会发展的更加均衡，让人民群众不必离开家乡去异乡而获得家庭幸福、能够在生长的家乡获得更大的家庭幸福。

"我们并不孤单,我们也并非不幸福"

——社会交往与家庭幸福感分析

中国社会科学院社会学研究所副研究员　邹宇春

如何提升广大百姓的家庭幸福感,是我们党和国家一直都面临的重要工程之一。作为社会的最小单元,家庭的幸福感是衡量一个社会是否和谐、百姓是否安居的重要指标。没有稳定和幸福感的家庭,个体就无法有效地投身于社会建设,整个国家也难谈发展。虽然影响家庭幸福感的因素有很多,无论是学界还是政府,都在不遗余力地解析这个难题,试图通过了解并改变这些影响因素,从而实现家庭幸福感的提升。我们课题组从人际关系、社会交往等因素出发,来分析如何理解并提高广大居民的家庭幸福感。

一 社交圈与家庭幸福感

根据社会资本理论,在当代社会中,职业是衡量社会位置的一个指标,不同职业对应着不同程度的资源量。由于老百姓日常认识或接触的人从事着不同的职业,他们所组成的社会关系网蕴藏了大量的社会资源,对老百姓的行为、态度和各种感受都有非常重要的影响。

（一） 中国城镇居民社交圈的规模在扩大，但差异性也在增加

在调查中，我们设计了一个专业化的问题来了解受访者的日常社会交往现状。具体做法是，通过询问受访者"在您的亲戚、朋友、认识的人（指您能叫出名字且见面能够认得的人）当中，是否有从事下列职业的人？"，请他们在一个按照职业得分排好序的、能代表不同层次的社会资源的职业列表中选择自己是否有认识的人从事这个职业。大致看来，受访者社交网络覆盖的职业类型平均值为4.8，也就是说社会大众日常交往的圈子里平均有约5种不同的职业类型。

调查重点分析了城市居民的社交圈。数据显示，城市居民社交圈内的职业规模平均值为5.4，比全国居民的平均值高了0.6。与2003年同类数据相比，增加了1.1。可见，中国城市居民社交的广泛度在增加。不过，2014年的标准差要稍大于2003年，说明城市居民社交圈职业规模的差异性在增加。

表1　　　　　中国城镇居民社交圈广泛度的跨年比较　　　（单位：职业个数）

	2003 年	2014 年
平均值	4.3	5.4
标准差（S. D.）	3.1	3.7
样本量	5573	1105

资料来源：2003 年中国综合社会调查数据；2014 年中国家庭幸福感调查。

（二） 社交网越广泛，家庭幸福感则越强，社交类型单一的人难有较高的家庭幸福感

从社交网络覆盖的职业规模与家庭幸福感得分的相关系数来看，职业规模越大则家庭的幸福感越强。也就是说，个体日常打交道的那些人所从事的职业种类越多，个体的社交网络越广泛，个体

的家庭幸福感越高。

　　按照职业类型的规模分组，并将"很不幸福"和"不怎么幸福"合并为"不幸福"，"比较幸福"和"非常幸福"合并为"幸福"，结果显示社交圈覆盖职业类型为7—12种的人认为家庭幸福的比例最高，达到82.5%；而那些社交圈里有13—18种职业的人，虽然感到家庭"幸福"的比例不是最高的，但却是唯一一组没有人感觉家庭不幸福，并且近80%的比例认为自己的家庭比较幸福或者非常幸福。

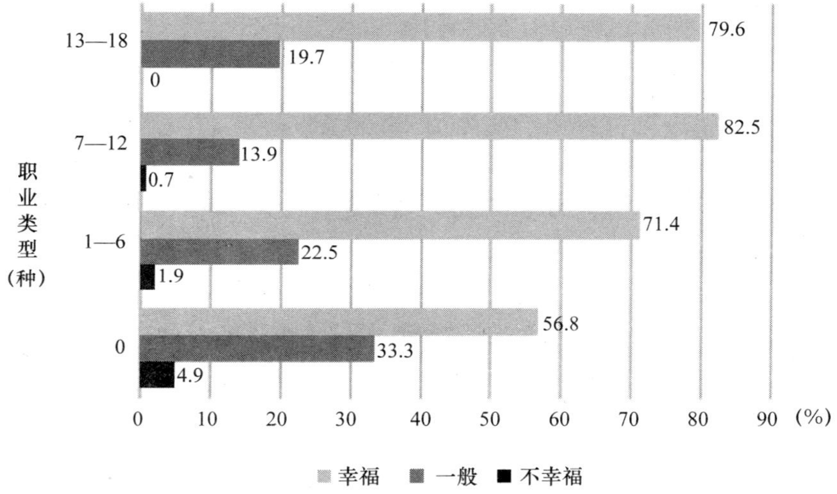

図1　社交网络与家庭幸福感

资料来源：2014年中国居民家庭幸福感调查。

（三）社交圈里拥有越多的政治或经济精英，家庭幸福感越强

　　一般来说，社交圈会包含多种多样的职业人群，而不同职业的人群能带来不同的资源和帮助。数据显示，大部分的职业群体都对个体的家庭幸福感具有显著的积极影响。不过，社交圈里的家庭保姆、出租车司机、厨师/炊事员、饭馆服务员等职业人群，并不对

个体的家庭幸福感有显著的影响。相比之下，党政组织负责人、政府机关负责人或者企事业单位负责人，与家庭幸福感具有显著的正相关，且相关系数在所有职位中名列前三位：企事业单位负责人影响最大，其次是政府机关负责人，再次是党政组织负责人。认识大学教师、中小学教师等知识资源的掌握者，也会增加家庭幸福感，但强度不如这三者。可见，与掌握较多资源的人交往，能显著增加家庭幸福感；但与知识资源相比，掌握经济资源、政治资源的社交对象对家庭幸福感具有更强的影响力。

（四）弱势群体社交圈的广泛度、资源丰富性相对较差

从人口特征来看，性别、年龄、婚姻状况、户口都与社交圈里职业类型的数量有显著的相关性。相对而言，认识职业种类较多的人，主要是处于30—60岁、具有城市户口的已婚男性。分职业来看，不同职业群体在社交圈的职业规模上也是有差异的。对于六类

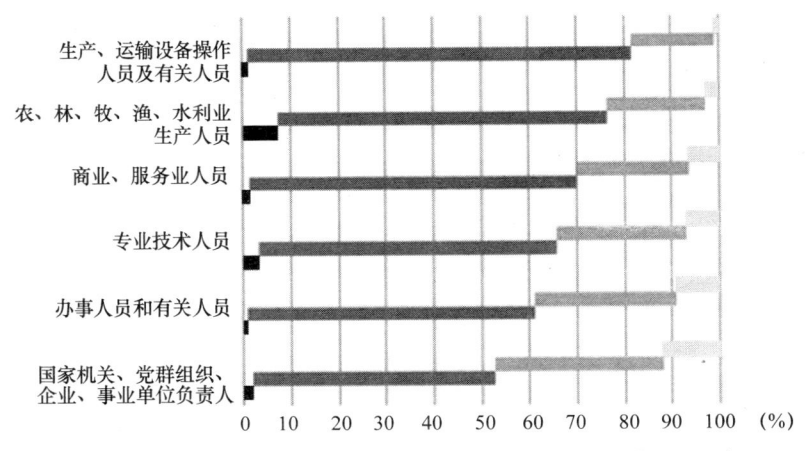

图 2　职业资源与家庭幸福感

资料来源：2014 年中国居民家庭幸福感调查。

职业群体（国家机关、党群组织、企业、事业单位负责人；办事人员和有关人员；专业技术人员；商业、服务业人员；农、林、牧、渔、水利业生产人员；生产、运输设备操作人员及有关人员）来说，它们较多集中在1—6种职业类型的社交圈里，比例都超过50%；但从每个社交圈职业规模组来看，职业规模为1—6类的职业群体主要以生产、运输设备操作人员及有关人员为主，比例达到80.4%，国家机关等职业人群比例最低；相反，职业规模处于7类以上的职业群体主要是国家机关、党群组织、企业、事业单位负责人，而生产运输设备操作等职业人群的比例最低。

调查显示，社会上存在一定比例的"社交边缘人"，即，这些人基本上不和其他职业的人来往。这些人多为女性、处于离婚或丧偶状态、60岁以上、主要持农业户口、以从事农林牧副渔等第一产业为主。虽然她们基本为零的职业社交状态并未让他们完全没有家庭幸福感，但相对社交圈具有其他职业规模的人来说，她们的家庭具有"一般"或"不怎么幸福"的比例更高。此外，参照当前社会资本研究的惯例，本调查给问卷中涉及的每种职业都予以了相应的资源分值。若以100分为资源最高分，将社交圈里覆盖的所有职业资源的最高分减去最低分，得到社交圈的异质性资源得分。不同于职业规模所代表的资源广泛性，异质性指标代表了网络资源的社会声望跨度，这个值越大在一定程度上意味着个体可以获取的资源越丰富。调查结果显示，受访者总体的异质性资源平均为73.3分。相比之下，男性受访者群体的异质性资源得分比女性群体高，且高于平均水平约2%；农业户籍的受访者低于平均水平，比非农业户籍低了近11%。按年龄分组看，60岁以上人群比平均水平低了9%。总的来说，第一产业的农村已婚女性属于当前社交网络的"边缘人"，她们的家庭幸福感指数非常低。

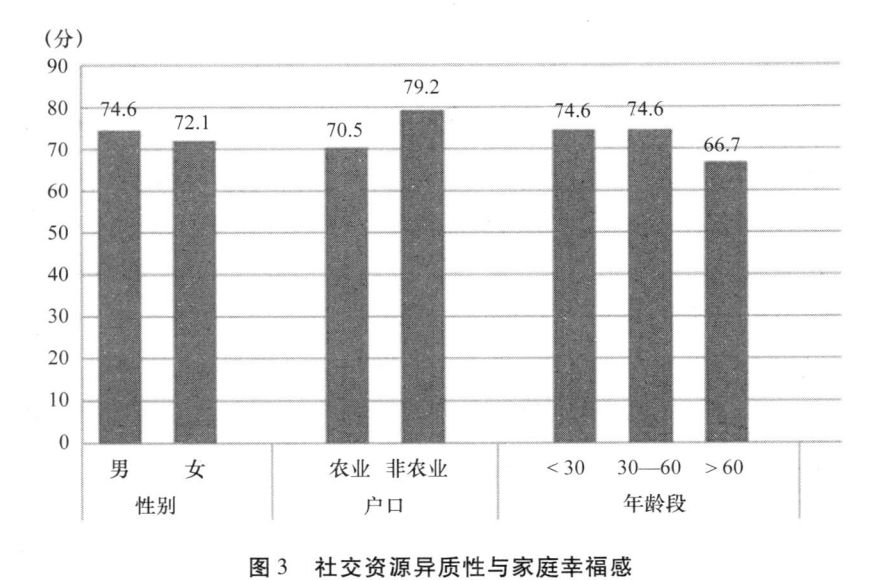

图 3　社交资源异质性与家庭幸福感

资料来源: 2014 年中国居民家庭幸福感调查。

二　咨询网与家庭幸福感

个体在遇到困难或重要问题时,能获得多少人以及什么样的人提供咨询和帮助,是衡量人际关系质量的重要指标。我们暂且把这些人组成的关系网络称为"咨询网"。与泛泛关系的社交圈不同,组成咨询网的关系成员与行动者具有相对较密切的关系往来,属于个人的"强关系"。这个网络的规模越小,则意味着个体可以信赖的对象越少,人与人的社会距离越远。

(一) 中国居民遇到重要问题时的咨询人数大约为 7 人,城镇居民的咨询人数低于平均值但有增长

通过询问受访者"在过去三个月与多少人讨论过重要问题",调查结果发现,受访者寻求帮助或讨论问题的网络规模平均为 6.5

人。与 2004 年美国平均为 2.08 人的数据相比①，中国居民的咨询网规模无疑是令人欣慰的。

由于近年来频发了一些社会事件，社会大众对社会关系质量的预期相对悲观。针对"城市人际关系相对冷漠"的日常推断，调研结果发现中国城镇居民的咨询网②规模平均值为 5.4。当遇到困难时，城镇居民普遍会向至少 6 位朋友咨询或寻求帮助。与 2003 年研究得到的城镇居民咨询网的平均为 3.2 人的规模相比，2014 年咨询网规模增加了 2.2 个人。对中国城镇居民而言，相对亲密、能够提供有力情感和资源支撑的咨询网的规模在增加，遇到难题时能获得更多人的帮助。当然，也有可能是遇到的问题更加复杂，需要更多人的协助。但无论是哪种情况，都说明城市里的人际关系并不如设想的那般悲观。

表 2　　　　　　　　不同年份的中国城镇居民咨询网比较

咨询网规模	2003 年（%）	2014 年（%）
0	5.1	1
1	17.8	3.7
2	17.8	15.7
3	17.4	16.7
4	9.0	8.9
5	18.4	14
6 +	14.6	40.1
平均数	3.2	5.4
标准差（S.D.）	1.9	3.7
样本量	5435	1105

资料来源：2003 年中国综合社会调查数据；2014 年中国居民家庭幸福感调查。

① 2004 年美国综合社会调查。
② 学术界常称为"讨论网"。为提高易读性，这里暂且称为"咨询网"。

（二）咨询网的规模越大，家庭幸福感越强；农村丧偶或离婚老人的可咨询对象极少，家庭幸福感极低

调研发现，个体的咨询网规模和家庭幸福感呈显著的正相关关系（$P < 0.01$），即咨询网的规模越大，中国居民的家庭幸福感得分越高。不过，受访者的咨询网在规模上存在较大差异，数量最多的可以达到几百人，数量少的几乎为零。

从人口特征看，咨询网规模不存在显著的性别差异，男女都一样。不过，户口、年龄、职业、婚姻等几项却存在显著的差别，非农业户口、31—60岁、专业技术人员以及未婚等特征的群体拥有的咨询网规模在6人以上的比例较大。与社交网络的广泛度一样，具有农业户口、从事第一产业、60岁以上、丧偶或离婚等特征的人拥有规模为零的咨询网的可能性最大，他们社交圈里的交往对象单一、社交资源贫乏，而且可以一起讨论重要问题的知心朋友几乎没有。我们的调查恰显示，相对其他群体，这群人出现心理健康问题的可能性较高，说明他们非常值得社会各界关注。

（三）咨询网里社会问题被讨论的频率远高于个人的具体问题，它很可能成为化解或产生社会事件的基本单位

在过去三个月里，有81.5%的受访者向自己的咨询网成员咨询或者讨论了有关工作和生活的社会问题。这说明，在咨询网里，中国居民对相关社会问题予以了较高的关注度，通常会在自己的亲密关系群里咨询和讨论这些问题。相对来说，情感、心理方面的问题，以及某件具体要办的事情分别获得的关注度较低，均未超过40%。

调查还显示，超过半数的受访者表示日常咨询网主要是由家庭成员（67.7%）、亲属（59.7%）和朋友（55.7%）等亲密关系组成，同事或邻居的比例仅约两成。这些成员在咨询网里的重要性呈"差序格局"的状态，家庭成员的帮助和建议被认为是最重要的

（57.8％），亲属其次，朋友排在第三。

　　由于咨询网是由亲朋好友组成的强关系网络，是一个具有较好的相互信任和话题私密性的讨论空间，所以受访者倾向并能够在这样的社会关系圈里讨论、咨询或解决与社会问题相关的重要难题。可以说，中国居民的咨询网很可能是当前社会事件产生与化解的基本单位。

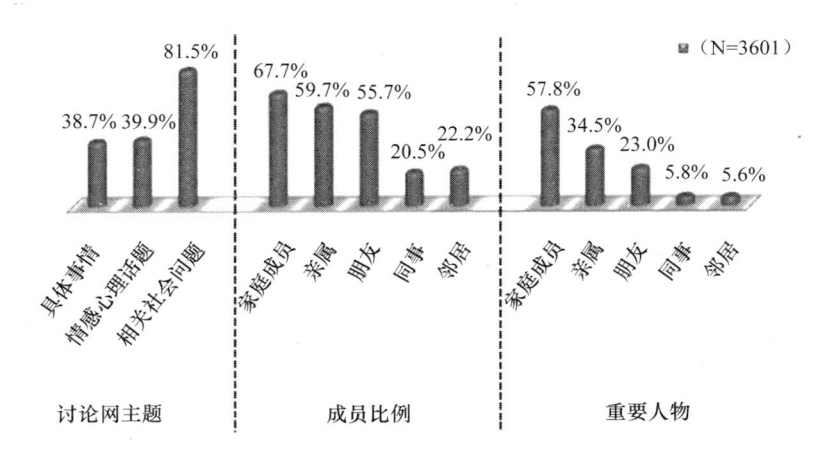

图4　咨询网的咨询主题、成员及重要人物的比例

资料来源：2014年中国居民家庭幸福感调查。

二　餐饮社交与家庭幸福感

　　在中国这个人情社会里，饮食文化在人际社交里有着非常特殊的位置。在过去，一起吃饭喝酒，不仅可以建立、维持或增进相互的认同感，还能实现许多通过正式制度渠道所不能解决的需求。餐饮社交的这种非制度性功能助长了餐饮社交的功利色彩，导致它的活动范围外溢，超出日常生活范畴，对制度内、外的行动者和事件都具有潜移默化的影响。事实上，适当的餐饮社交是保证社会和谐、百姓幸福的润滑剂，但过度的餐饮消费，不仅造成公共资源的不必要浪费，还会对个人的身体、对个体的行为规范、对社会制度等造成无法弥补的破坏。比如，有研究已经发现，频繁的餐饮消费，会降低居民对相关制度的信任。

（一）中国居民的非家庭式外出就餐活动有所减少

基于这样的共识，当前政府出台了一系列的政策措施，比如"八项规定""六项禁令"，反对"四风"等，用以规范党内外公务人员的行为。为此，调查中我们特意询问了受访者"过去三个月里（除了与家人一起）外出就餐"的情况。数据显示，"很少"外出就餐的比例最多，达到40.1%；其次是"从不"外出就餐，比例为28.7%；"有时"的比例达到23.2%。"经常"外出就餐的比例为8%，只有不足一成的受访者经常与家人以外的人就餐。

此外，调查还询问受访者："与去年相比，外出就餐的情况有什么变化？"数据显示，餐饮活动增加了的人群比例达到15.2%，而餐饮活动减少的比例则是前者的两倍，达到33.2%。，可以说，随着当前政府一系列政策的出台，当前的餐饮社交出现一定程度的减少。

同时，调研也发现，有45.5%的人群并未受到影响，他们外出就餐的情况并没有多大变化。依照人群特征来看，不同年龄段、不同性别、不同职业人群以及城乡居民的餐饮活动变化并没有明显的差异。

（二）外出就餐活动适当的人，更容易有家庭幸福感

把四种就餐频率与三种家庭幸福感（"不幸福""一般""幸福"）做卡方分析，结果显示外出就餐频率与家庭幸福感显著相关（$X^2 = 121.8$，$P = 0.00 < 0.001$）。把家庭"不幸福"和"幸福"

两类人群相比较,"不幸福"人群中"从不"外出就餐的比例达到65.6%,"幸福"人群中"从不"外出就餐的比例为24.5%,前者比后者多了20多个百分点;而"不幸福"人群中"很少""有时""经常"外出的比例都比"幸福"人群少,分别少了17个、19个和5个百分点。可见,外出就餐频率适当的人,会有较高的家庭幸福感。

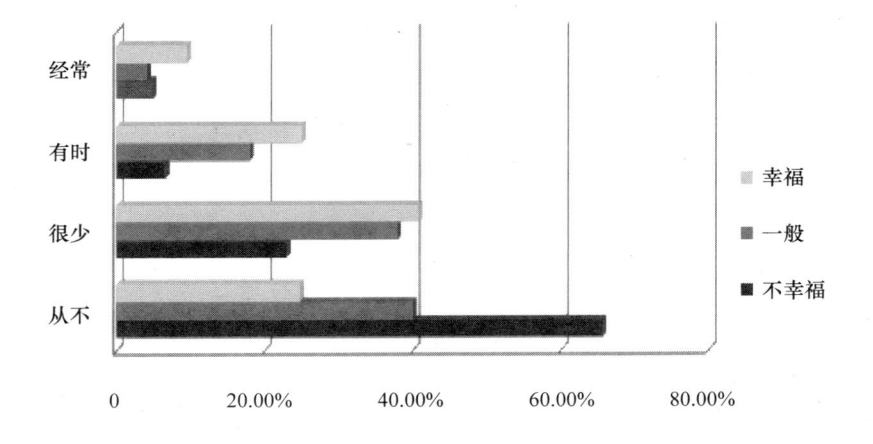

图5 外出就餐情况与家庭幸福感

分城乡来看,外出就餐情况存在明显差异。与农村社区的居民相比,城市社区居民除了"从不"这个选项的比例低于农村社区居民,在"很少""有时""经常"等选项的比例都高于农村社区居民,分别高出约3个、8个和1个百分点,城市居民外出就餐的社交活动比农村居民高。从其他人口特征看,年龄越大者,外出就餐的活动越少;单身未婚者的餐饮活动比较频繁;男性餐饮活动多于女性。可见,在城市居住的未婚男青年是当前餐饮社交活动的主力人群。

（三） 与其他社交活动相比，餐饮活动对家庭幸福感的影响最大

把年龄、性别、教育、婚姻、户口性质作为控制变量，以社交圈广泛度、社交圈资源异质性、政治资源纽带、经济资源纽带、知识资源纽带、咨询网规模、餐饮社交频率等与上文提及的各类因素放在一起，分析它们对家庭幸福感的影响，结果显示社交圈、咨询网、餐饮活动等都对家庭幸福感有显著影响，证实了上文的讨论分析。并且比较它们的标准化系数发现，餐饮活动的标准化回归系数值最大，这意味着餐饮活动对家庭幸福感的影响最大。

总结与建议

总的来说，我们的调查有如下几点发现：（1）中国居民的社交圈里平均有 5 种不同的职业人群。就城市居民而言，社交网的规模在变大，通过它获得的各种资源也变得更丰富，这都有助于家庭幸福感的提升。此外，能够提供政治资源或经济资源的社交对象对家庭幸福感的影响力不容忽视。（2）中国居民遇到重大问题时可咨询人数平均为 7 人。就城市居民而言，可咨询人数较之过去有所增加。鉴于咨询网里最常被咨询和讨论的主题是社会问题，咨询网很可能因为自身的私密性和可信任性成为生成、讨论或者化解社会事件的最基本单位。（3）餐饮活动在过去一年里有所回落，但仍持有一定的稳定性，适度的餐饮活动能提升家庭幸福感。并且，相比前两种社会交往，餐饮社交活动对家庭幸福感的影响最明显。在这些发现之上，我们提出以下三点建议。

第一，关注弱势群体的社交活动，打造"门槛低、质量优"的公共社交平台，通过提升弱势群体的家庭幸福感，以拉动整体居民

的幸福感水平。由于社交圈的资源是个体通过社会交往这种自致活动获得的"自致资源",而我们的调研发现那些对社交广泛性、社交资源丰富性具有显著影响的人口和职业特征,恰是具有优势社会地位、较好社会竞争力的人群的特点,这种现象说明社会个体在自我发展上或许已形成先赋资源与自致资源的强强联合,呈现强则更强、弱则更弱的"马太效应"。作为全体居民的家庭幸福感的短板,那些社会竞争力较弱的群体,理应成为提升家庭幸福感的首要政策对象,他们的家庭幸福感程度,往往对社会底层的稳定与和谐有着重要影响。因此,政府和社会应着重为他们提供一个可以"走出家门,走入社会"的社交平台,提供情感与物质支持。尤其是农村的老龄妇女,需要予以特别关注。

第二,加强家庭建设,提升家庭幸福感,从源头上化解社会事件。我们的调研发现,广大居民在遇到重要社会问题时,最愿意咨询和寻求帮助的社会关系是由家人、亲戚及朋友组成的咨询网。同时,家庭成员是咨询网中的重要人物,家人能提供最有效用的帮助。因此,建设和谐社会,可尝试以倡导家庭和谐为主。通过良性有序的家庭建设,在源头上化解日常社会问题,避免形成大的社会事件。

第三,继续关注餐饮活动,避免"过度"与"不足"。居民通过适度的饮食交往可以获得情感支持、信息分享、资源互助等积极效果。调节餐饮活动,是改善居民家庭幸福感最合适的切入点。从长远来看,餐饮社交活动应以适度为宜,过多或过少都会影响家庭幸福感。具体的调节方式可采用文化宣传的方式,培育良性的饮食文化,规范适度的饮食社交。其中,城市居民(尤其是城市未婚男青年)的饮食活动可成为最主要的被调节对象。

心理健康与幸福感

中国人民大学社会与人口学院社会学博士　李　丁

在往年的调查中我们关注了身体、心理、社会适应组成的大健康与幸福感之间的关系，并且发现健康是幸福至关重要的基础。今年，我们侧重关注心理健康与幸福感之间的关系。首先，心理健康是健康的重要部分，且在现代社会中越来越重要。随着社会经济水平的发展，人民生活水平的提高，医疗卫生条件的改善，人们的身体健康水平得到了有效的提高，预期寿命大大延长，但与此同时，影响内心和谐、造成角色冲突或认知失调的因素也越来越多。长期无法摆脱的负面情绪与心理疾患不仅会影响到自身对于生活的感知，还会影响到个体和家庭的幸福，甚至社会的安宁。当今社会，越来越多的人们开始留意和学习心理学知识，重视自身及他人的心理健康状况。关于何谓健康的心理，存在不同的标准。根据世界卫生组织的解释，心理健康（mental health，psychological health）包括主观的幸福感、自我效能感、自主性、胜任力、良好的人际关系等。也有研究者认为，健康的心理状态表现为"有安全感，良好的自我评价，适度的自主性与感应性，与环境互动良好，人格完整和谐，学习高效，有良好的人际关系，有切合实际的生活目标，清楚并接受自己的需要，保持个性但不冲击集体规范"等。当人们面临或出现过大的压力、焦虑、人际关系失调、悲伤、过度依恋、学习障碍、情绪失调等情况时，值得注意并作出相应的调适。

而幸福感（happiness）作为一种积极的情绪状态，它是个体或群体对自身整体性状态与福祉（well-being）综合感知判断的结果，囊括个体或群体实际的社会、经济、心理、精神、身体状态。从定义上讲，幸福本身就意味着良好的心理状态，心理健康与幸福感之间应该存在一定的正向关系。心理健康状态良好的人应该幸福感水平较高，而心理健康状况较差的人应该幸福感水平较低。不过，幸福感作为对整体处境的评判，往往更为稳定和综合，而心理状况特别是情绪状态更容易出现波动和变化。因此，我们仍然可以探讨短期的心理—情绪状态与整体性的幸福感之间的关系。在家庭幸福感热点问题调查中，我们直接询问了受访者在最近两周内的几种情绪状态——情绪低落、焦虑、忧郁以及绝望——来衡量受访者的心理健康状态。受访者可以选择这些情绪出现的频率，从"没有""偶尔有""时有时无"到"经常有"和"总是有"共5个等级。下面我们将首先概要描述受访者的心理健康状况，以及不同群体心理健康状况的差异，然后分析心理健康与幸福感之间的关系，以及上述关系在不同群体中的差异，最后我们会特别关注一下心理情绪状态不太好的人有何社会经济特征。

绝大多数人心理健康状况良好

首先，从概念上看，情绪低落、焦虑、抑郁、绝望四种情绪状态极端的程度越来越高，理应在人群中出现的比例也越来越小。表1中给出的分布情况支持上述推断。

表 1   被调查者过去两周情绪状况   （单位:%，个）

	情绪低落	焦虑	抑郁	绝望
没有	60.1	70.8	83.2	95.4
偶尔有	32.1	21.4	11.9	3.2
时有时无	5.6	5.5	3.5	1.0
经常有	1.7	1.9	1.2	0.4
总是有	0.5	0.4	0.2	0.1
合计	100	100	100	100
样本数	3554	3478	3464	3455

从表 1 中可以看到，在过去两周内有 39.9% 的受访者出现过情绪低落的情况，经常或总是如此的人达到 2.2%。29.2% 的人有过焦虑的情况，经常或总是处于焦虑状态的人也有 2.3%。认为自己在两周中出现过抑郁的人有 16.8%，经常或总有的人在 1.4%。表示有过绝望心态的人为 4.6%，从比例上看不大，但考虑到我国人口基数大，仍然不可忽视。而且有 0.5% 的人表示经常或总是处于此种绝望状态，这是非常危险的。

为了能够更加综合地测量人们的心理健康状况，我们通过因子分析来综合上述 4 种心理状况。相关的信度检验表明，四种心理状态之间存在很高的相关性，测量的测度信度系数为 0.79，提取的首要因子对四种状态的"代表性"达到 88.8%。考虑到四种心理状态存在明显不同的严重程度，进行加总综合时，我们分别给予了情绪低落、焦虑、抑郁、绝望不同的权重（0.125、0.175、0.325、0.375，这些权重的确定参考了主成分正交因子分析给出的部分权重），并处理为 0—100 分范围的得分。综合的心理状态指标显示，55% 的人完全没有负面心理（得分为 0 分），40% 的人偶尔有一些负面的心理情况（得分 25 分及以下），3.9% 不时出现负面的心理状态（得分 50 分及以下），另外有 0.84% 的人经常出现相对严重的负面心理状态（得分50分以上）。

社会经济地位较低的人更容易出现负面的心理与情绪

什么人更可能出现负面的情绪及心理状态呢？已有研究表明，女性因为在社会经济上更处于弱势，更容易遭受家庭暴力以及家庭照料负担的影响而比男性更有可能遭遇情绪波动、抑郁、焦虑以及自杀冲动等心理威胁。不过，我们的调查数据显示，尽管样本女性在心理得分为5.9分，高于男性的5.4分，但是两者之间的差异在统计上并不显著，控制其他变量之后也不显著。这意味着样本中两性人之间的均值差异很有可能源于抽样调查产生的随机误差，而非实际存在。不同婚姻状态和家庭居住结构受访者的平均心理状况存在一定的差异，处于婚姻状态中的受访者心理状态比处于无偶状态

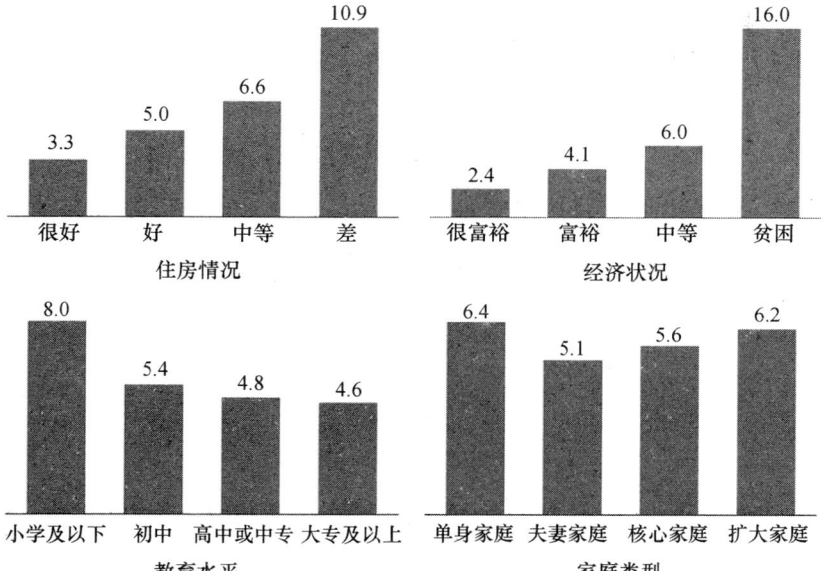

图1 不同特征的群体心理状态得分

的受访者略好，夫妻或核心家庭中的受访者平均心理状态比单身居住或扩展家庭中的受访者的平均状态略好。但是，他们之间的差异都非常小，而且控制了其他情况之后也难以发现差异。我们暂时难以断定这些差异拓展到样本之外的话，在实际中是否存在。

社会经济水平不同的群体平均的心理状态存在着显著差异。我们可以从多个维度、用多种方式来衡量受访者及其家庭的社会经济地位。调查中，我们让访问员对受访者的住房与经济条件在当地的相对地位进行了判定，也询问了受访者的教育水平和职业类型等信息。从图1和图2可以看到被访问员认为住房条件和经济状况较差的受访者出现负面的心理状态的可能性更高，呈现出明显的差异。特别是那些住房状况差、经济处于贫困中的受访者。教育水平低的受访者的心理状况更糟糕，特别是小学及以下教育水平的人。而从职业上看，农业劳动者和无工作者的心理状态更差。教育水平低、住房条件差的受访者在心理健康上的负面特征在控制性别、年龄、婚姻状态、流动情况、户口类型、家庭户类型等其他条件后仍然存在。

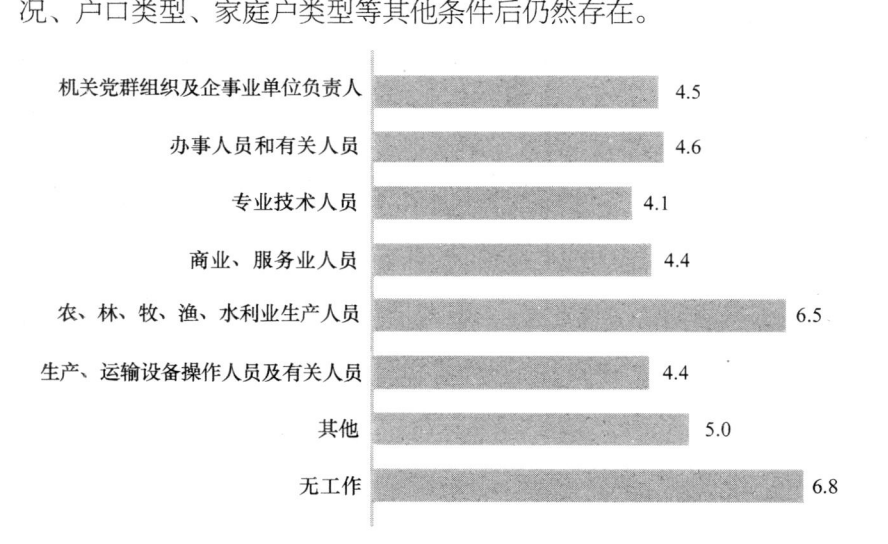

图2 不同职业的心理状态得分

心理健康与健康状况之间紧密相关

数据表明，心理健康与健康状况之间存在明显的相关（见表1）。认为自己在过去三个月健康状况不太好的受访者中出现过负面情绪的比例远远高于那些认为自己健康状况不错的受访者。已有研究表明，心理健康与身体健康之间存在着明显的相互作用和反馈效应。身体疾病会影响一个人对于自身状态和能力的认知与判断，带来负面的心理状态；而原发性的心理疾患也会影响个体的精神、身体状态，诱发危险行为，从而损毁身体健康。调查中，我们让受访者主观评估自身的健康及心理状态，并且相关的问题在问卷中比较靠近。因此，上述相关中测量相关性会有着一定的贡献。尽管我们暂时无法判定受访者中原发性的身体健康问题导致情绪问题占多大比重，或者原发性心理问题导致受访者对自身健康状况的负面判定有多大成分，但我们仍有较大的信心相信身体健康与心理健康之间存在着紧密的关联。当身体出现不适或者疾患时，我们不仅要关注身体的康复，也需要考虑身体变化对于主体心理状态的冲击；而负面的心理状态累积到以至于影响到身体官能的良性运行时，更应该重视，并进行有效的介入。

表2　　　　　　　　**被调查者健康状况与负面情绪出现频率**

健康状况	从不（%）	偶尔（%）	有时（%）	经常（%）	合计	样本数（个）
很好	68.5	30.4	0.9	0.2	100.0	983
好	58.8	38.8	2.2	0.1	99.9	1368
一般	39.7	52.1	7.0	1.3	100.1	876
不好	31.8	47.2	17.0	4.0	100.0	176
很不好	13.6	40.9	13.6	31.8	99.9	22
合计	55.0	40.2	3.9	0.8	99.9	3425

注：由于四舍五入，合计的百分比并不完全等于100.0%。

幸福感的多种测量稳定可靠

我们的数据是否能够印证心理健康状态与幸福感之间正向关系呢？在幸福感的测量上我们进行了多样的尝试，首先询问了受访者对自身幸福感的判断："总的来说，您觉得自己现在幸福吗？"他/她可选的答案包括：（1）很幸福；（2）幸福；（3）一般；（4）不幸福；（5）很不幸福。我们也询问了受访者自己家庭的幸福度情况，"您的家庭属于：（1）非常幸福；（2）比较幸福；（3）一般；（4）不怎么幸福；（5）很不幸"。可以看到前一个问题更偏向于情绪上感受，而后者更偏向于对于家庭综合处境的判定。除此之外，我们考虑到自评幸福感的异质性问题，采用 10 分量表的方式询问了受访者家庭幸福的程度以及幸福的标准（幸福评分中几分以上才算幸福），经过异质性调整处理，我们得到了标准化的可比幸福感，6 分表示幸福的基准。在后文的分析中我们将分别利用上述个体幸福感、家庭幸福感以及标准化的家庭幸福感来描述心理健康与幸福感之间的关系。

不同的幸福感测量之间存在着较高的相关性。同样是 5 等级测量的个体幸福与家庭幸福之间的相关度达到 0.66 以上，同为家庭幸福测量，5 分测量和 10 分测量（未考虑到自评异质性）的相关度达到 0.64。而考虑到自评异质性的等距标准化的家庭幸福感与个体幸福感以及 5 分测量的家庭幸福感之间的相关系数也分别为 0.3355 和 0.3713。可以认为我们的原始测量方式具有较高的可信度，相对稳定。

心理健康与幸福感紧密相关

调查数据结果表明，心理状态与幸福感之间紧密相关。无论是个体的幸福感，还是个体对于家庭幸福程度的评价，包括控制了自评异质性的标准化的家庭幸福感，都与受访者的心理状态之间存在着明显的相关。负面的心理情况越严重的受访者给出的幸福度评价都相对较低。有轻微负面情绪和有较为严重心理问题的受访者中，认为自己不幸福或者很不幸福的比例分别达到了18%和41%。

心理状态与幸福感之间的关系在控制了受访者的性别、年龄、婚姻状态、教育水平、职业和家庭经济状况之后仍然非常显著。这意味着，在其他各方面情况都相同的条件下，如果心理状态不好，认为自己或家庭幸福的可能性就要低一些。

表3　　　　　　被调查者心理健康状况与个人幸福感

心理状态	很幸福	幸福	一般	不幸福	很不幸福	合计	样本数
很健康	25.8	60.4	13.4	0.4	0	100.0	1873
较健康	10.0	55.0	33.0	2.0	0.1	100.1	1372
轻微负面	4.5	30.8	46.6	15.8	2.3	100.0	133
严重负面	3.4	3.4	51.7	34.5	6.9	99.9	29
合计	18.4	56.6	22.9	1.9	0.2	100.0	3407

注：由于四舍五入，合计的百分比并不完全等于100.0%。

表4　　　　　　被调查者心理健康状况与家庭幸福感

心理状态	非常幸福	比较幸福	一般	不怎么幸福	很不幸福	合计	样本数
很健康	28.4	56.3	14.9	0.2	0.1	99.9	1828
较健康	14.5	54.1	29.3	1.6	0.4	99.9	1343
轻微负面	7.6	45.0	35.9	8.4	3.1	100.0	131
严重负面	3.4	10.3	48.3	24.1	13.8	99.9	29
合计	21.8	54.6	21.9	1.3	0.4	100.0	3331

注：由于四舍五入，合计的百分比并不完全等于100.0%。

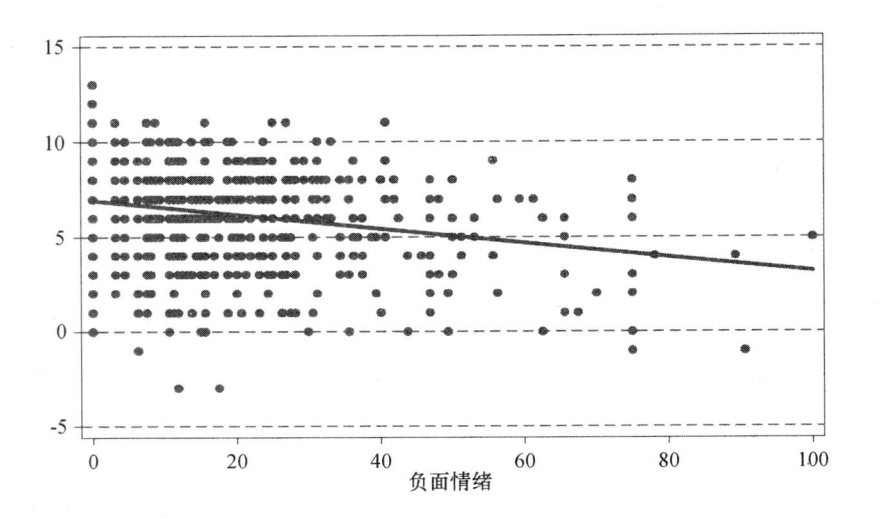

图 3　负面情绪与等距标准化家庭幸福感的关系

　　我们的探索发现，社会经济地位较低的人心理状况与家庭幸福感之间关系更强，相应的回归直线斜率更大。这意味着在社会经济条件较差的群体中，人们更难感受到幸福，同时也更有可能面临更负面的情绪和心理状态的困扰。从客观决定主观、经济基础决定上层建筑的角度讲，要改善相关人群的心理健康状况、提高他们的幸福感应该注重于改善他们的社会经济地位。

　　不过，负面情绪和心理问题的出现并非完全由经济条件决定的，个体与他人以及社会的关系是否和谐融洽有着重要的影响，个体的认知方式是否出现偏差也有一定的影响。心理状态不同的受访者对于幸福的基础的认识是否有所不同？他们在社会支持、社会信任、交流交往情况中有明显不同的差异吗？

健康是家庭幸福的核心基础，住房的重要性不容忽视

　　调查中我们询问了受访者决定家庭幸福感的四个最重要的因素并

进行了排序。我们可以分析受访者从"有自己的住房、较高的收入、子女成才、夫妻和谐、心态好、家人健康、有好朋友、其他"等选项中选出了哪4个最为重要的因素。可以看到，与2013年的调查相同的是，受访者中最多的人将家人健康作为家庭幸福的重要基础，其次是家庭和谐或夫妻和谐，排在其后的是子女成才以及有住房。不过，从排在首位的原因来看，人们给住房赋予了特别重要的意义。超过40%的受访者将有自己的住房作为决定家庭幸福的首要原因。这一情况的出现可能一定程度上受调查时问题、设计方式的影响，因为"有自己的住房"放在了答案选项的第一个。未来需要排除这种问卷设计带来的测量问题。如果排除问卷设计问题后，仍存在住房作为幸福首要原因的强调，似乎可以考虑近年来住房价格的上涨对于所有家庭的影响，不管他们是已经有房的还是试图有房的。对于住房的强调除了住房话题的显著性外，多数受访者在家人健康、夫妻和谐、子女成才方面处境都比较好的背景也不容忽视。

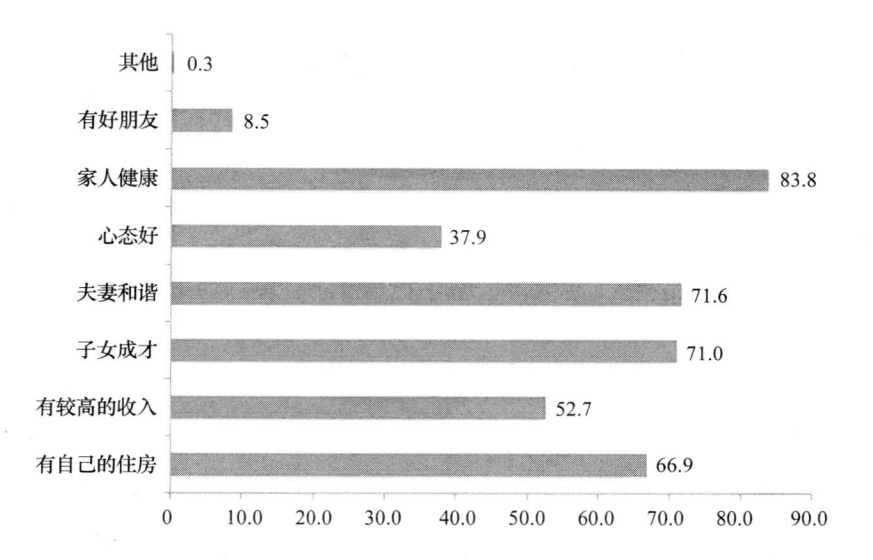

图4-a 决定家庭幸福的关键因素（多选题）

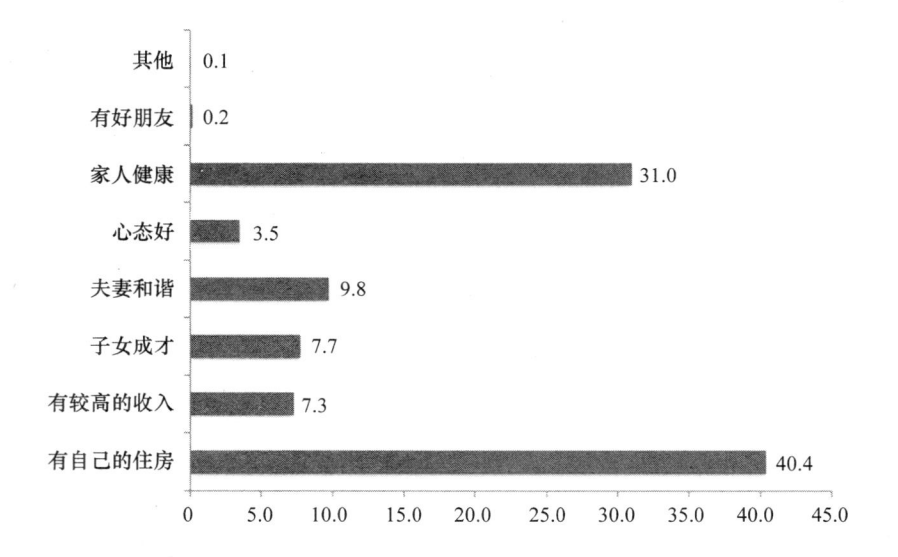

图 4 - b   决定家庭幸福的关键因素（首要原因）

对于负面情绪较为严重的人而言，有好朋友、好心态很重要

心理状况不同的受访者对于家庭幸福感的归因有所差异。存在一定负面情绪的受访者更多地认为家庭幸福感建立在较高的收入而非朋友和心态上；而负面情绪较为严重的受访者则有更大比例认为好的心态和有好朋友很重要。这似乎告诉我们，严重的心理问题可能并不完全由经济原因造成，尽管经济条件较差的人更容易出现心理问题。较为和谐的人际关系、有力的社会支持起着重要的作用。

表 5　　　　心理健康状况与对家庭幸福感影响因素的认识

	很健康	较健康	轻微负面	严重负面	合计
有自己的住房	65.6	68.6	70.1	62.1	67.0
有较高的收入	51.4	53.5	60.4	55.2	52.7

	很健康	较健康	轻微负面	严重负面	合计
子女成才	69.7	72.4	67.2	69.0	70.7
夫妻和谐	72.7	70.8	72.4	55.2	71.8
心态好	40.7	36.0	30.6	51.7	38.5
家人健康	81.6	86.3	85.1	82.8	83.6
有好朋友	9.2	8.3	4.5	13.8	8.7
其他	0.3	0.1	0.0	3.4	0.3
样本数	1899	1386	134	29	3448

从实际的社会支持维度来看，心理健康状况较差的受访者，社会支持情况较差。我们主要从过去三个月与自己讨论重要问题的熟人数量以及认识的熟人中有如下各类职业中的数量来测量受访者的社会支持情况：政府机关负责人、党群组织负责人、企事业单位负责人、行政办事人员、经济业务人员、工程技术人员、法律工作人员、科学研究人员、大学教师、中小学教师、护士、医生。从表6中可以看到，样本中心理状况较差的受访者与自己讨论重要问题的人数明显偏少，认识的熟人中职业数也偏低。不过，这些差异还相对较小，难以排除抽样误差的影响。

表6　　　　　　　心理健康状况与社会支持情况

心理状态	讨论问题人数	社会资本情况	样本数
很健康	6.49	3.23	1880
较健康	6.69	3.15	1383
轻微负面	5.24	2.65	131
严重负面	3.45	2.48	29

小　结

　　归纳起来看，心理健康是健康的重要组成部分，与个体的自评健康紧密相关。心理健康也是幸福的题中之义，与幸福感之间有着紧密的联系。遭受负面心理或者情绪苦恼的人更难体验到个人和家庭的幸福感。心理健康与个人及家庭的社会经济地位、社会支持情况紧密相关。社会经济与社会支持上相对弱势的群体更容易遭遇负面情绪及心理问题的影响，也可能因此而对幸福感有着不同的归因和理解。提升个人和家庭幸福水平，应该高度重视个体及家庭成员的健康情况，包括心理健康情况，并且从经济条件、社会支持等多个方面增进个体和家庭获取幸福感的资源与能力。

2015

家庭幸福新常态

2015年中国家庭幸福感热点问题调查技术报告

中国的育龄人群的生育意愿与生育计划

家庭结构与家庭幸福感

家庭建设、国家政策与幸福感

心理健康与幸福感

沉默与期待：食品安全与家庭幸福感调查报告

环境感知折射我国居民家庭幸福感的变化

家庭幸福新常态

——2015 年中国家庭幸福感热点问题调查报告

中国人口宣传教育中心

中国社会科学院人口与劳动经济研究所

自党的十八大以来，让国人生活更加幸福成为党和政府的执政理念和执政方向。作为幸福生活之源，提升家庭幸福感对于维护社会和谐稳定、促进经济健康发展、建设美丽富强中国、实现伟大中国梦具有深远的意义。

为了深入了解中国城乡居民家庭幸福感现状、家庭成员生活状况及家庭公共服务需求，也为了持续跟踪家庭幸福感的变迁，在国家卫生计生委家庭司指导下，中国人口宣传教育中心和中国社会科学院人口与劳动经济研究所于 2015 年 3—10 月开展了 2015 年中国家庭幸福感热点问题调查，这次调查是自 2011 年起针对中国家庭幸福感问题连续进行的第五次调查。

一　本次调查的总体情况

（一）调查设计和抽样方法

按照不同地区经济、社会和人口发展状况，本次调查抽取了安徽、北京、河南、宁夏、山西、浙江、重庆 7 个省（直辖市）的 21 个县级单位作为全国概率抽样样本点，采用调查员直接入户方式进行现场调查。实地调查除北京样本量 600 份以外，其他每个省市样本量 900 份，总样本量为 6000 份。本次调查共获得成年人有效样本 5981 份。

（二）大多数家庭感觉幸福

调查显示，2015 年全国城乡居民家庭幸福感标准化评分①为 6.60 分，显著高于 2013 年的 6.22 分但明显低于 2014 年的 6.83 分。其中，2015 年城镇家庭幸福感标准化得分为 6.67 分，农村家庭幸福感标准化得分为 6.54 分，城镇家庭幸福感更高。

本次调查表明，当前中国大多数家庭感觉幸福。2015 年全国幸福家庭感的比例为 76.89%，其中城镇幸福家庭感比例为 81.16%，农村幸福家庭感比例为 73.25%，城镇家庭幸福感比例更高。

（三）国人的家庭幸福感明显高过个人幸福感

调查显示，2015 年全国城乡居民家庭幸福感标准化得分为 6.60 分，而个人幸福感标准化得分为 6.41 分。其中，农村居民的家庭幸福感标准化得分是 6.54 分、个人幸福感标准化得分是 6.36 分，城镇居民的家庭幸福感标准化得分是 6.67 分、个人幸福感标准化得分是 6.46 分。无论全国整体还是分城镇乡村，家庭幸福感得分都要高于个人幸福感。由此可见，家庭在中国人的文化观念中占据极其重要的地位，家本位的文化基因决定了个人幸福感与家庭幸福感紧密相连，离开了家庭的幸福，个体幸福犹如无源之水、无

---

① 如无特殊说明，2015 年调查均为标准化评分，感觉幸福指标标准化评分在 6 分及以上（10 分为最高分，0 分为最低分）。

本之木。

（四）家庭幸福感高的人群特征鲜明

调查显示，家庭幸福感高人群的特征包括：女性、年龄更长、健康良好、非农户籍、受教育程度较高和初婚有配偶。

调查表明，家庭幸福感是一种多层次、多内涵的综合判断，既受到家庭成员的性别、年龄、受教育程度、健康状况和婚姻状态等方面的影响，也受到食品安全、环境污染等公共安全问题的深刻影响。城乡居民家庭幸福感的主要决定因素具有一致性，健康、和睦、安全、小康是城乡居民的共同追求。

（五）家庭规模与家庭结构对家庭幸福感有重要影响

调查发现，标准核心家庭的家庭幸福感比较低。生活在标准核心家庭中的人群，或是为人父母的中老年人，需要面对工作上的压力，多数子女尚未成年成婚，家庭责任与负担重，幸福感相对较低；或为未婚中青年群体，工作与生活压力大，婚姻的缺失也降低了其幸福感。

单人户主要由丧偶、初婚后单独外出流动以及未婚群体构成，配偶缺失、初婚未能与配偶共同生活均会导致个体家庭幸福感的下降。隔代家庭多由祖辈与未成年的孙子女，或已婚孙子女与年老的祖父母构成，隔代间观念、生活习惯等的差异，也在一定程度上对其家庭幸福感带来了负面影响。其他核心家庭多为单亲家庭，个体离异、丧偶后配偶的缺失，或父亲或母亲的缺位使个体生活中缺少了应有的支持、关爱，亲情、爱情等又会对个体的心理产生一定的负面影响，降低了个人与家庭的幸福感。

（六）国家重视家庭建设对国民家庭幸福感有重要影响

调查显示，从家庭观念层面上看，目前国人仍秉承"非常重视家庭、重视亲情"的传统家庭观念。国人在家里、与家人在一起时的家庭幸福感最高。从家庭建设层面上看，民众对"国家重视家庭建设将会提高国民家庭幸福感""家教良好的人家庭幸福感更高"和"家风良好的人家庭幸福感更高"这三个观点的认同度都比较高，同时，更加认同这些观点的民众也具有更高的家庭幸福感。从家庭政策层面看，虽然国民最希望国家给予家庭"更多的物质支持"，但是希望"国家给予家庭更多精神与文化层面支持"的国民家庭幸福感更高。

（七）健康与幸福感紧密相连且越来越被人们重视，心理健康状态更好的人会更多地希望和家人在一起

家人健康是家庭幸福感的基础，超过40%的受访者将"家人健康"作为决定个人幸福感和家庭幸福感的基础，超过80%的受访者认为"家人健康"是决定个人幸福感和家庭幸福感最重要的四个因素之一。心理健康是健康的重要组成部分，与幸福感之间紧密相关。心理状态好的人不仅幸福感水平更高，他们也会更多地希望和家人在一起、更相信国家和家庭在提升幸福感方面的作用。

（八）环境质量成为了衡量我国居民家庭幸福感的重要标尺

调查显示，环境的改善有利于居民家庭幸福感的提升。在综合了空气环境、水环境、工业环境及绿化水平等因素的情况下，对被调查者对生活所在地的总体环境进行了评分后发现，居民幸福感随着总体环境评分的提高而增长。家庭幸福感随环境污染容忍度的提高而增大，环境污染容忍度低的人幸福指数也较低。家庭幸福感随着环境参与度的提高而增加，参与环保行为会提高居民家庭幸福感。对政府治理污染认可度越高的民众，其家庭幸福感越高；相反，认为政府做得不足的民众其家庭幸福感也较低。

（九） 食品安全正在威胁人们的家庭幸福感

当前，我国进入了食品安全事件的多发期，食品安全问题受到社会的广泛关注而成为社会热点问题。本次调查表明，超过 1/3 的调查对象有买到不安全食品的经历。由于缺乏高效快捷的问题处理方式，大部分消费者在面对食品安全问题时沉默应对。

食品安全正在威胁人们的家庭幸福感。随着 2015 年 10 月《新食品安全法》的颁布实施，我国的食品安全环境将不断得到改善，这将有助于整个社会家庭幸福感的提升。

二　与过去两年调查的比较

（一） 幸福家庭比例高于 2014 年

调查显示，与 2014 年相比，2015 年幸福家庭的比例有所升高。2015 年全国非常幸福与比较幸福的家庭比例合计为 76.89%，比 2014 年（76.27%）高出 0.62 个百分点。

虽然不幸福家庭占比（2.51%）较低，但由于其主要集中于孤寡和患病老年人家庭、残疾人家庭、空巢家庭、留守家庭、流动人口家庭、受灾家庭、单亲家庭和其他特殊困难家庭，因此采取有效措施减少该类家庭占比对社会的和谐稳定意义重大。

（二） 家庭幸福感处于近三年的中间水平

自党的十八大以来，党和政府实施一系列促改革、惠民生的重大举措，同时，从严治党、正风肃纪并且严惩腐败，这些举措都大得民心。新的中央领导集体务实坚定，中国国力持续快速增长、中国在国际社会的影响力显著提升，这些变化让国人更直接地感受到了"中国梦"所带来的巨大希望和真挚热情，从而提升了幸福感。

调查显示，2015 年家庭幸福感标准化得分（6.60 分）要比 2013 年（6.22 分）增加 0.38 分，但比 2014 年（6.83 分）减小 0.23 分。感觉幸福的家庭比例，2015 年为 76.89%，2014 年为 76.37%，2015 年与 2014 年相比增加了 0.52 个百分点。其中，感觉非常幸福的家庭比例从 2014 年的 21.98% 上升到 2015 年的 22.48%，同样也是提高了 0.5 个百分点。

（三）城镇家庭幸福感仍高于农村家庭幸福感

与 2013 年和 2014 年一致，城镇家庭幸福感高于农村家庭幸福感。与 2013 年、2014 年相比，2015 年城乡家庭的家庭幸福感均处于两年的中间水平。其中，2015 年城镇家庭幸福感标准化得分为 6.67 分，比 2013 年（6.28 分）高出 0.39 分，比 2014 年（6.95 分）低了 0.28 分；农村家庭幸福感标准化得分为 6.54 分，比 2013 年（6.17 分）高出 0.37 分，比 2014 年（6.73 分）低了 0.19 分。

（四）人们对健康的重视程度高于 2014 年，选择家人健康作为幸福首要决定因素的比例也高于 2014 年

同 2014 年的调查相比，2015 年调查显示，民众对于健康的重视明显提高了。选择家人健康作为幸福感的首要决定因素的比例提高了 10 个百分点，选择心态好的比例也提高了 1.6 个百分点。负面情绪较严重的受访者更强调家人健康对个人幸福感和家庭幸福感的影响，有 50% 将之作为决定幸福感的首要因素。

三　政策建议

家庭幸福是社会和谐稳定的基础，家庭活力是国家持续健康发展、民族永葆蓬勃兴旺的源泉。在建设全面小康的新征程中，

国家的民生战略需要兼顾社会发展与家庭发展，把握家庭自足能力与对公共服务期待之间的平衡，既突出"保基本"，又着眼于增强家庭活力，促进内生性发展，在切实履行政府职能、加大公共服务供给的同时，引导社会成员重视家庭价值，强化家庭凝聚力，充分发挥家庭作为社会资源开发、贡献与分配的基本单元的重要职能。

基于本次调查所反映的家庭幸福感现状和影响因素，针对我国城乡家庭发展中存在的问题为此提出以下建议。

（一）实施积极家庭发展战略，完善促进家庭发展的政策体系

要实施积极的家庭发展战略，将家庭发展纳入国家发展战略，建立以家庭为基本单位的长期家庭政策和制度安排，全面加大对家庭的支持力度。我国的家庭问题与民生建设、经济发展和社会道德重建相互交织，需要采取综合政策措施。政府决策者首先应当获得关于家庭发展需求和能力的充分信息，由此研究、制定更加符合民意的治本措施，重视家庭建设，引导家庭增进亲情与和谐关系，增进家庭成员之间的互信、互动、互助，提高家庭解决自身困难和问题的能力。

（二）推进教育、劳动就业和医疗健康等公共服务均等化

促进教育公共服务均等化，降低教育不公平，加强职业教育、职业培训，消除劳动就业的性别歧视、地域歧视、年龄歧视等，为个体人力资本的储备、经济收入的提高营造公平的社会与政策环境。使有劳动能力者适时就业并获取相应的报酬，为个体与家庭幸福感提供物质上的保障，在实现自我价值过程中，感受与收获幸福。

推进医疗健康公共服务均等化。继续完善公共卫生服务体系，进一步发挥卫生服务系统在疾病预防、卫生保健等方面的积极作用，提高民众的健康水平。加大城乡公共卫生投入，改善城乡居住环境，降低个体罹患疾病的风险，提高国民家庭幸福感。

（三）倡导重视家庭建设的社会风尚，形成重视良好家风与良好家教的文化宣传环境

婚姻家庭关系的稳定对个体幸福感与家庭幸福感都至关重要，倡导在家庭教育与学校教育中建立正确的价值观、婚姻观与家庭观，重视家庭建设、重视良好家教、重视良好家风，加大宣传幸福家庭。国家、社会与民众还需要重新审视传统教育强调集体主义和工作优先的宣传导向，需要大力在全社会弘扬重视家庭、家教与家风的传统文化。在新的社会经济发展阶段，强调家庭建设、重视家庭、支持家庭和谐发展是国家和政府凝聚社会共识、促进社会整合、提高民众家庭幸福感以实现和谐社会的正确抉择。

（四）强化家庭支持政策研究，通过加大家庭支持来提升国民家庭幸福感

在出台相关家庭政策措施时，政府部门需要有意识地关注年龄更年轻、受教育水平更低、农业户口、非初婚状态的人口群体，加强人群分类意识，以便有效地提升全体国民的家庭幸福感。

加大给予家庭物质支持仍是国家与政府加强家庭建设、提升民众家庭幸福感的首要任务，尤其需要加强对困难家庭给予支持的政策措施。同时，给予家庭精神和文化层面支持的重要性也在提升，国家与政府仍需要加大宣传优秀家庭文化和家庭观念。

国家与政府在支持家庭建设时，需要加强家庭分类意识并做好政策的需求分析、预测与政策实施效果评估。通过这些举措，国人

的家庭幸福感才能得到进一步提升，国家发展也更有可能实现社会发展的文明和谐与经济增长的健康持续。

（五）为了提升家庭幸福感水平，应该高度重视家庭成员的健康状况，包括心理健康状况

为了提升个人和家庭幸福感水平，应该高度重视个体及家庭成员的健康状况，包括心理健康状况。而这有赖于良好的制度环境、食品安全环境和绿色清洁的自然环境。只有在这些基础环境方面持续改善，民众的福祉才能渊源绵长。因此，必须坚持"十三五"规划《建议》确立的创新、协调、绿色、开放、共享的发展理念，在全面建成小康社会的过程中真正提高民众的幸福感和满意度。

（六）加大力气治理环境污染，把追求绿色增长作为发展的指挥棒，真正践行和落实可持续发展切实提高国民幸福感

健康是幸福的基石，良好的生存环境是健康的有力保障。目前，国民对洁净环境的需求很强烈，甚至愿意牺牲经济利益来换取洁净的环境。仅靠增加 GDP 的方式来提高居民幸福感的效果在下降，必须提高居民生存环境质量，追求绿色增长、健康增长，追求有幸福的增长、有质量的增长才是增进国民福祉的重要方式，是开启国民幸福之门的有效密码。

在下大力气治理现有环境污染过程中，政府需要改善治理手段，提高治理能力，增强治理效果，同时，在引进或建设新项目时，需要及时了解群众需求和意见，使政府的公共决策能够更好地符合广大人民群众的利益和意愿，避免环境不公平感进一步加剧我国的社会不平等。另外，个人、企业以及全社会要共同参与和积极支持，自觉践行绿色、低碳、文明的生产生活方式。

（七）改善食品安全的社会环境，遏制问题食品的利益驱动，完善食品检测监督机制和技术条件，健全食品安全案件的追踪惩罚机制，强化食品安全监管

个人抵御食品安全风险的能力有限，健全食品安全体系，提高整个社会的食品安全水平，是预防食品安全问题侵害家庭幸福感的治本之策。政府部门需要采取措施改善食品安全的社会环境，遏制问题食品的利益驱动，完善食品检测监督机制和技术条件，健全食品安全案件的追踪惩罚机制，强化食品安全监管。

新闻媒体是公众获得食品安全信息的主要渠道，媒体在曝光食品安全问题时，应尽量杜绝没有科学依据的报道，主动与专业机构合作传播食品安全信息，利用科学化解公众的食品安全疑虑，填补公众与科学真相之间食品安全信息真空。朋友圈等非正式渠道也是食品安全信息传播的重要渠道，政府部门应该加强食品安全与风险的宣传教育力度，向社会大众传播科学的食品安全信息，防止没有科学依据的食品安全信息在社会传播、向社会扩散。

2015 年中国家庭幸福感
热点问题调查技术报告

中国社科院人口与劳动经济研究所研究员　王广州

中国社科院人口与劳动经济研究所副研究员　王　磊

为了持续跟踪和深入了解我国家庭的最新状况和家庭的发展需求，中国人口宣传教育中心和中国社会科学院人口与劳动经济研究所于 2015 年 5—11 月针对中国家庭幸福感热点现状、健康需求及热点问题开展了一次专题调查。

2015 年调查是自 2011 年以来的针对中国家庭幸福感热点问题开展的连续第 5 次调查。与 2014 年调查一样，2015 年调查按照全国各县市的经济、社会和人口等最新数据，抽取对全国具有代表性的概率样本，并采用调查员"入户调查"的方式，对被选中的家庭成员进行问卷调查。

本次调查方案设计、抽样方法、问卷内容、人员培训、实地调查和监督、数据质量抽查与检验等均采用比较严格、规范调查方法和质量控制。

调查方案

1. 调查目的

本项调查深入了解中国城乡居民家庭幸福感的现状及存在的问

题；全面反映目前城乡居民家庭生活的主要需求、意愿和预期；分析和测算中国家庭幸福感的主要影响因素及影响程度；积极探索、提升城乡居民家庭幸福感的主要途径和政策措施。

2. 调查对象

调查对象为18 周岁及以上（1997 年 7 月 1 日以前出生）的中国居民。

3. 组织领导及分工

本次调查由中国人口宣传教育中心和中国社会科学院人口与劳动经济研究所共同主办。中国人口宣传教育中心、各省人口和计划生育宣传教育中心负责组织、协调各县（市、区）的现场调查工作。中国社会科学院人口与劳动经济研究所负责调查方案、抽样方法、问卷设计和培训、调查数据处理和分析以及调查研究报告的主要撰写工作。

4. 调查时间进度

（1）2015 年 2—3 月，研究文献收集、研究主题确定；

（2）2015 年 4—5 月，研究提纲、研究范围和主要研究内容撰写；

（3）2015 年 6 月，研究设计；

（4）2015 年 7 月，调查员培训、调查问卷测试；

（5）2015 年 8 月，各省（直辖市）现场调查；

（6）2015 年 9 月，数据录入和数据清理；

（7）2015 年 10 月，调查研究报告初稿完成。

抽样方法

为了获得对全国有代表性的概率样本，本次调研的抽样省份、县（市、区）、社区（村庄）、住户、住户中接受调查者均严格按照科学抽样程序进行，从而保证样本对全国的代表性和有效性。

1. 选取的省份（直辖市）

采用双分层概率比例抽样方法，本次实地调查选取安徽、北京、重庆、河南、宁夏、山西、浙江7个省（直辖市）作为样本点，实地调查采取"敲门入户"并填写问卷的方式展开。

作为前期"试调查"地区，北京抽取了东城、丰台、密云3个区（县），总样本量600份。安徽、重庆、河南、宁夏、山西、浙江6省（直辖市）作为正式调查地区，每省抽取3个县（市、区），每个县（市、区）抽取6个社区/村，每个社区/村样本量为50份，每省样本量为900份，6个省样本量合计5400份。本次实地调查总样本量为6000份。

2. 选取的县（市、区）

根据全国各县市最新的经济、社会、人口等发展状况，采用双分层概率比例抽样方法选取抽中省份（直辖市）接受调查的县（市、区），具体名单见表1所示。

3. 选取社区（村庄）的系统抽样方法

（1）确定随机起点

随机起点在1—10内确定，确定方法为督导员生日的最后一位数，如最后一位数为0，则随机起点选10。

（2）确定抽样间距

确定方法为：抽样间距 k = 该县（市、区）所有社区（村庄）数量/要抽取的社区（村庄）数量。抽样间距为小数时，只保留整数，如抽样间距为4.54，则我们取 k = 4。

（3）抽取社区（村庄）样本点

依次抽取序号为第 a（随机起点）、第 a + k、第 a + 2k、第 a + 3k……的社区（村庄），直到获得调查所需的6个社区（村庄）数量为止。

表1　　　　抽中省份（直辖市）接受调查县（市、区）名单

	省份	县（市、区）	社区（村）数量	社区（村）样本量	总样本量
试调查	北京	东城区	5	40	200
		丰台区	5	40	200
		密云区	5	40	200
正式调查	浙江	嘉兴市南湖区	6	50	300
		温州市永嘉县	6	50	300
		台州市温岭市	6	50	300
	宁夏	银川市西夏区	6	50	300
		固原市原州区	6	50	300
		固原市彭阳县	6	50	300
	河南	南阳市卧龙区	6	50	300
		濮阳市濮阳县	6	50	300
		周口市西华县	6	50	300
	安徽	淮南市大通区	6	50	300
		黄山市歙县	6	50	300
		亳州市涡阳县	6	50	300
	重庆	铜梁区	6	50	300
		江北区	6	50	300
		垫江县	6	50	300
	山西	吕梁市离石区	6	50	300
		吕梁市汾阳市	6	50	300
		吕梁市孝义市	6	50	300
		总体样本量			6000

4. 选取住户的系统抽样方法

（1）确定随机起点

随机起点在 1—10 确定，确定方法为督导员生日的最后一位数，如最后一位数为 0，则随机起点选 10。

（2）确定抽样间距

确定方法为：抽样间距 k = 该社区（村庄）所有住户数量/要抽取的住户数量。抽样间距为小数时，只保留整数，如抽样间距为

4.54，则我们取 k = 4。

（3）抽取住户样本点

依次抽取序号为第 a（随机起点）、第 a + k、第 a + 2k、第 a + 3k……的住户，直到获得调查所需的 50 个住户数量为止。

5. 选取住户中接受调查者的方法

（1）询问"目前您家中一共住着几位 18 周岁及以上的人员？"我指的是：在您家里长期居住（1 个月以上）的人，包括亲戚在内。请分别告诉我他们的姓名和周岁年龄？

（2）根据答话人的介绍，将目前居住在家中的所有 18 周岁及以上人员情况，按年龄从小到大（不要按照性别分别排列）填写在《入户抽样表》中（见表 2）。

（3）按照《入户抽样表》选出被访者。选样表的第一行有 0—9 共 10 个数字，在调查前，已由督导员将问卷进行编号，问卷编号的最后一位数字将用于入户抽样。这个数字所在的那一列，和家庭所有成员排序的最后一位所在的那一行的交汇处的数字，就是被选中的家庭成员的序号。在《入户抽样表》"序号"一栏以√显示被选中的被选者。

表 2 　　　　　　　　　　入户抽样表

序号	问卷编号尾数		1	2	3	4	5	6	7	8	9	0
	姓　名	年龄										
1			1	1	1	1	1	1	1	1	1	1
2			2	1	2	1	1	2	1	2	2	1
3			1	3	2	2	3	1	3	1	1	2
4			2	2	4	1	3	4	1	3	3	2
5			2	5	3	2	4	4	1	5	1	3
6			1	2	6	1	5	6	5	6	2	4
7			3	2	1	7	1	3	2	2	4	1

续表

序号	问卷编号尾数		1	2	3	4	5	6	7	8	9	0
	姓 名	年龄										
8			5	2	4	5	1	2	1	6	8	8
9			8	7	9	6	9	4	2	8	3	8

注：18周岁及以上人员，按年龄从小到大排序。

问卷设计

主要分为被调查者个人情况、家庭基本情况、生育状况、对家庭幸福感的评价、国家政策与家庭幸福感的关系、食品安全、环境污染7个部分。

1. 被调查者个人情况

本部分主要对被调查者的出生年月、性别、民族、婚姻状况、户籍状况、职业、受教育程度、身体健康状况、心理状态、个人幸福感现状等方面进行调查。

2. 家庭基本情况

本部分内容主要包括家庭常住人口的数量、居住方式和共同居住的家庭成员之间的亲属关系。

3. 生育状况

本部分主要包括被调查对象是否是独生子女、配偶是否是独生子女、理想子女数、现实子女数、意愿生育子女数量构成和意愿生育子女性别构成等内容。

4. 对家庭幸福感的评价

本部分主要包括家庭幸福感的主要影响因素、对自我家庭幸福感的评分、认为称得上家庭幸福感的最低分数、对自我家庭幸福感程度类别的评价、家庭与工作出现冲突不能兼顾时的行为选择等内容。

5. 国家政策

包括对国家重视家庭建设是否能够提升家庭幸福感的认知、对家风和家教与家庭幸福感关系的认知、对希望国家采取何种措施能够提升家庭幸福感的认知等内容。

6. 食品安全

包括对食品安全的关注程度、食品购买行为、个人生活中遇到食品安全问题的情况及应对方式、对所生活地区和全国食品安全的评价、食品安全概念的认知、对食品安全与家庭幸福感关系的认知、过去一年食品安全状况对自我家庭幸福感的影响程度等内容。

7. 环境污染

包括对居住地环境污染的评价、对适宜人类生存的环境水平的认知、对环境污染问题的认知、个体对环境污染的态度和应对行动、对国家处理环境污染问题的效果评价等方面内容。

调查过程控制

1. 专家咨询

邀请中国社会科学院、北京大学、中国人民大学和广东医学院等研究机构、高等院校的专家学者，就本研究的方案设计、抽样方法、问卷内容等展开讨论。在听取专家学者意见的基础上，最终确定本调查的研究设计、抽样方法和问卷内容。

2. 人员培训

由中国社会科学院人口与劳动经济研究所的专家对中国人口宣教中心和北京地区调查人员和督导人员进行为期一天的集中培训，就本调查的方案设计、如何抽取社区、如何抽取住户以及如何抽取住户中接受调查人员、问卷调查中的注意事项等进行讲解，并通过互相填写问卷方式来发现问卷设计和具体调研中应注意的问题。

由中国人口宣教中心派往调查地点的督导人员对当地调查人员进行培训。本次调查的调查员全部来自全国各样本点，每县（市、区）选调 30 人，负责本县所有样本的调查登记工作。要求调查员具有高中以上文化程度，工作认真负责。

3. 实地调查及督导

培训结束后，各地即开始进行现场调查。每名调查员每天的调查量不能超过 8 份。调查督导员随机抽取已经访问过的问卷进行回访，发现问题及时纠正，并通知调查员本人。如果发现调查员有造假情况，一经核实，立刻取消调查员资格。

现场调查开始后，中国人口宣教中心工作人员在现场进行问卷质量监控，对调查督导员的工作进行监督和回访。调查结束后，由中国人口宣教中心工作人员审阅合格后，将问卷带回北京。

4. 数据录入及审核

本次调查的全部资料由中国社会科学院人口与劳动经济研究所集中组织录入计算机，并进行汇总。所有资料均为保密资料。

家庭幸福感标准化方法

由于家庭幸福感是个人的主观评价，每个人的评分基准可能很不一样。如甲、乙两人同样给各自家庭幸福感评 7 分，但甲认为 6 分以上才称得上家庭幸福，乙认为 8 分以上的家庭才是幸福的。因此，由于甲、乙两人对家庭幸福感基准的不一致，同样的 8 分，甲认为自己家庭是幸福的，而乙则认为自己家庭不幸福。

为了克服家庭幸福感测量的这一缺陷，2015 年中国家庭幸福感热点问题调查问卷设计中延续了 2012 年调查的方法，我们除了设计第 4—2 题：请给您目前的家庭幸福感评分：

很不幸福　0　1　2　3　4　5　6　7　8　9　10　非常幸福

还新增加了第 4—3 题：在对幸福感评分中您认为几分以上是幸福的？

0　1　2　3　4　5　6　7　8　9　10

第 4—3 题的主要目的，就是要测量每个人的家庭幸福感评分基准。

具体到对家庭幸福感的标准化方法，主要有等比例标准化方法与等距离标准化方法。具体到对家庭幸福感的具体标准化方法，我们举例如下。

方法 1：等比例标准化方法（见表 3）：

表 3　　　　　　　　　家庭幸福感等比例标准化方法

示例	家庭幸福感评分	幸福及格线	调整基准	调整系数	家庭幸福感最终得分
案例 1	7.98	7.00	6.00	0.86	6.84
案例 2	7.65	8.00	6.00	0.75	5.74
案例 3	6.66	6.00	6.00	1.00	6.66
案例 4	8.24	7.00	6.00	0.86	7.06
案例 5	8.01	5.00	6.00	1.20	9.61
案例 6	6.90	7.00	6.00	0.86	5.91

表 3 中共有 6 个案例，也就是 6 个接受问卷调查者。我们以案例 2 和案例 3 为例说明。两者家庭幸福感评分分别为 7.65 分和 6.66 分，前者高于后者。案例 2 和案例 3 认为几分以上是幸福的（表 3 中称为幸福及格线）分别为 8.00 分和 6.00 分。我们将每个案例的幸福基准统一固定在 6.00 分，调整系数定义为 6/幸福及格线，则案例 2 和案例 3 的调整系数分别为 0.75（即 6/8）和 1（即 6/6）。案例 2 和案例 3 的家庭幸福感最终得分分别为 5.74 分和

6.66 分。虽然案例 2 的家庭幸福感最初评分要高于案例 3，但由于两者幸福及格线的差异，案例 2 的家庭幸福感最终得分要低于案例 3。

方法 2：等距离标准化方法（见表 4）：

表 4 　　　　　　　**家庭幸福感等距离标准化方法**

示例	家庭幸福感评分	幸福及格线	高于幸福线距离	调整基准	家庭幸福感最终得分
案例 1	7.98	7.00	0.98	6.00	6.98
案例 2	7.65	8.00	− 0.35	6.00	5.65
案例 3	6.66	6.00	0.66	6.00	6.66
案例 4	8.24	7.00	1.24	6.00	7.24
案例 5	8.01	5.00	3.01	6.00	9.01
案例 6	6.90	7.00	− 0.10	6.00	5.90

表 4 中共有 6 个案例，也就是 6 个接受问卷调查者。我们以案例 2 和案例 3 为例说明。两者家庭幸福感评分分别为 7.65 分和 6.66 分，前者高于后者。案例 2 和案例 3 认为几分以上是幸福的（表 4 中称为幸福及格线）分别为 8 分和 6 分，则案例 2 和案例 3 与幸福及格线的距离分别为 − 0.35（即 7.65 − 8.00）和 0.66（6.66 − 6.00）。我们将每个案例的幸福基准统一固定在 6.00 分，则案例 2 和案例 3 的家庭幸福感最终得分分别为 5.65 分（6.00 − 0.35）和 6.66 分（6.00 + 0.66）。虽然案例 2 的家庭幸福感最初评分要高于案例 3，但由于两者幸福及格线的差异，案例 2 的家庭幸福感最终得分要低于案例 3。

鉴于等比例标准化方法与等距离标准化方法结果相差不大，本研究主要采用方法 1，即等比例标准化方法。

数据结果有效性评估

本次实地调查共获得有效样本 5981 人，参与被调查者的年龄、性别、婚姻状况、职业、受教育程度等分布比较均匀，对全国具有较好的代表性。

主要数据结果请见主报告及数据附录。在性别比例中，女性略高于男性，分城乡、性别的家庭幸福感分布如表 5 所示。

表 5   分城乡、性别的家庭幸福感

分城乡	性别	家庭幸福感	人数	标准误
农村人口	男性	6.45	1521	1.69
	女性	6.63	1662	1.68
	合计	6.54	3183	1.69
城镇人口	男性	6.60	1213	1.71
	女性	6.73	1550	1.80
	合计	6.67	2763	1.76
全国人口	男性	6.52	2742	1.69
	女性	6.68	3229	1.74
	合计	6.60	5971	1.72

如果将全国、城镇和农村分别按照性别进行加权处理，则全国人口、城镇人口和农村人口的家庭幸福感变为 6.63 分、6.57 分和 6.69 分，与现在的 6.60 分、6.67 分和 6.54 分相比，全国、城镇和农村的家庭幸福感均高 0.02 分至 0.03 分，差异较小。鉴于对性别加权与否对最终结果影响很小，因此本研究没有对性别进行加权处理。

中国的育龄人群的生育
意愿与生育计划

中国社会科学院人口与劳动经济研究所研究员　王广州
中国社会科学院社会学研究所副研究员　张丽萍

　　生育政策是关系到千家万户的公共政策，自全国单独二孩政策陆续落地实施以来，学界和公众高度关注单独二孩生育政策每月申请数量和变动趋势，并以此为基础判断政策是否符合预期还是全面遇冷。随着越来越多的申请数据公开，目前绝大多数省份认为单独二孩政策遇冷。据此，各界的关注焦点转向呼吁全面放开二孩。由于有生育政策和没有生育政策可能会影响到育龄人群的生育意愿和生育计划，在政策调整前、调整过程中、调整后分别连续调查育龄人群的生育意愿和生育计划，是判断政策实施效果的重要依据，同时也具有重要的学术价值和现实意义。

　　为了深入研究生育政策调整过程中育龄人群生育意愿的基本状况和生育计划，在2012年、2013年和2014年连续三年调查的基础上，国家卫生计生委中国人口宣传教育中心、中国社会科学院人口与劳动经济研究所等联合进行2015年中国家庭幸福感热点问题调查，其中重要的调查内容之一就是生育意愿、生育计划等调查项目。本次调查在安徽、北京、河南、宁夏、山西、浙江、重庆7个省（市）进行实地调查。2015年全国抽样调查设计从调查内容上延续了2014年的问题设计，在抽样方式上延续了2012年和2013年调查的方案设计，但抽取的省份却有所不同。本研究将主要利用 2015 年中国家庭幸福感热点问题实地调查数据，对中国育龄人群的生育意愿、实际生育计划以及生育政策调整对生育计划的影响进行分析。

一　平均理想子女数

（一）平均理想子女数缓慢升高，但目前仍低于更替水平

理想子女数是测量在不考虑任何其他因素条件下，个人主观认为通常一个家庭或一对夫妇生几个孩子最理想，是不考虑个人具体情况的理想预期，相当于家庭对孩子数量的主观最优判断。

2015 年调查表明，全部调查对象的平均理想子女数为 2.02，其中育龄人群①的平均理想子女数为 2.00，均值估计值的 95% 置信区间为 1.98—2.01。对比过去几年来的调查情况，育龄人群的平均理想子女数相对来说还是比较稳定的，没有出现大起大落的情况。具体来看，2012—2015 年的 4 年中，育龄人群的平均理想子女数从 1.85 提高到 1.86、1.90，进而逐渐升高到 2015 年的 2.00。尽管调查样本的理想子女数始终保持在 1.80—2.00 的水平且有升高的趋势，但目前的实际结果仍然明显低于 2.10 的生育更替水平。

表 1　　　　　　　　　　育龄人群平均理想子女数

年份	均值	N	标准差	下限	上限
2015	2.00	3166	0.413	1.98	2.01
2014	1.90	2000	0.357	1.88	1.92
2013	1.86	3438	0.450	1.84	1.88
2012	1.85	2829	0.445	1.83	1.87

资料来源：2012、2013、2014、2015 年中国家庭幸福感热点问题调查。

---

① 育龄人群指年龄在 15—49 周岁之间人口。

（二）多次调查反复证实年轻队列的生育意愿偏低

从不同队列、不同年份的调查结果对比分析来看，在 2015 年调查育龄人群中，"60 后""70 后"的平均理想子女数均为 2.00，"80 后"略高，为 2.01，而 "90 后"最低，为 1.93。不同队列表现出不同的特点，"60 后""70 后"和 "80 后"非常接近，而年轻队列意愿生育水平低于年长队列；越年轻的队列，生育意愿越低的基本规律没有发生任何改变。预示生育水平持续走低的特征稳定。

从历次调查数据比较来看，2015 年调查结果与其他年份相比，各队列的生育意愿都有不同程度的提高，同一年份中不同队列之间的差异模式也有所不同。2012 年和 2013 年调查随着年龄的降低生育意愿是呈阶梯状下降的，从 "60 后" 到 "90 后" 分别是 1.87 降低到 1.81、从 1.89 到 1.74；2014 年 "60 后" 的生育意愿为 1.94，其他三个队列差异不大，在 1.88—1.90；而 2015 年从 "60 后" 到 "80 后" 都在 2.0 水平上，90 后为 1.93。从以上调查结果可见，育龄人群整体理想子女意愿生育水平在不同年份的调查数据

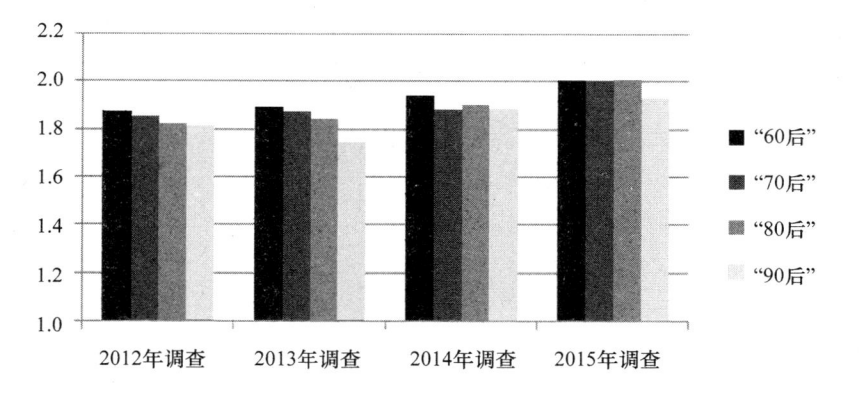

图 1 不同队列理想子女数变化

中逐渐提升，但都在更替水平以下。不同队列的数据可见，"60后"到"80后"的生育意愿由原来的随年龄增长而下降的特点发展到逐渐趋同，而"90后"的平均理想子女生育意愿却一直低于其他队列。

（三）理想子女生育目标近90%高度集中在二孩上

虽然理想子女数测量是在不考虑任何其他因素条件下，个人主观认为通常一个家庭或一对夫妇生几个孩子最理想，相当于对孩子数量的主观最优判断，受年龄结构和孩次结构的影响比较大，而且，从对二孩生育意愿测量来看，平均理想子女数是一个非常粗略的测量。

从2012—2015年中国家庭幸福感调查数据来看，育龄人群的平均理想子女数捸是非常稳定的。为了更科学地反映育龄人群的二孩生育意愿，采用二孩理想子女分布比例和队列终身二孩生育意愿来进行测量。

2015年调查数据表明，有88.98%的育龄人群理想子女数为2个，1个的仅为6.09%，3个的占3.89%，0孩和4孩及以上的合计刚刚超过1%。

理想子女数集中在二孩这一趋势不仅是最近几次中国家庭幸福感热点问题调查所表现出来的，其他调查也呈现出极为类似的理想子女分布特征。分析近几年的调查数据可以发现，二孩的生育意愿集中趋势越来越高，从图2可以看到，从"单独二孩"政策实施前的2012年调查理想子女数为2的接近80%，而后一直保持提升态势，2013年达到84.18%，到2015年提升到接近90%。

理想子女数为1孩的在2012年到达17.78%，2013年下降为12.48%，降低了5.3%，2014年小幅下降至11.65%，2015年降低到6.09%，降低了5.56%。

　　理想子女数为 3 孩及以上的比例从 2012 年的不到 2% ，小幅波动，到 2015 年提高到 3.89% ，与 2012 年相比提高了 1.9% 。

　　从四次调查结果的比较来看，两个孩子理想意愿人群的比例逐年升高，一个孩子的意愿比例逐年稳定下降，三个及以上孩子的比例在 4% 以内。考虑到三孩及以上意愿生育人群比例的下降，取消生育限制与实行全面二孩政策的差别不大。

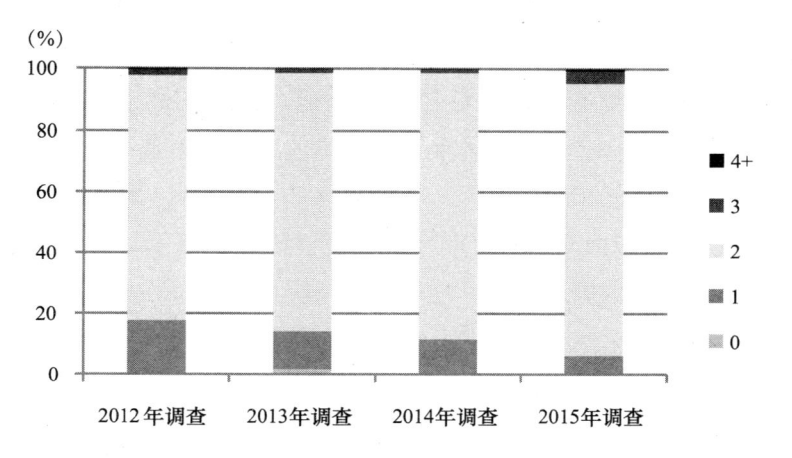

图 2　育龄人群理想子女数量分布

（四）意愿生育水平城乡差距很小

　　育龄人群的生育意愿不仅较低，而且城乡差距逐渐缩小，城乡育龄人群生育意愿呈现趋同的趋势。从 2015 年调查来看，尽管农业、非农业人口的平均理想子女数都有所升高，但与 2012 年、2013 年和 2014 年调查的农业人口与非农业人口育龄人群平均理想子女数的差距相比进一步缩小到 0.03 ，可以说这个差距是相当微小的，仅为 2014 年 0.06 的一半，对比 2012 年本来就非常小的城乡差距来说，仅为原来的 1/4 。

表2 育龄人群平均理想子女数城乡差距

年份	户籍性质	平均	N	差距
2015	农业	2.01	1977	0.03
	非农业	1.98	1643	
2014	农业	1.92	1351	0.06
	非农业	1.86	573	
2013	农业	1.89	1957	0.07
	非农业	1.82	1303	
2012	农业	1.90	1670	0.12
	非农业	1.77	1056	

资料来源：2012、2013、2014、2015 年中国家庭幸福感热点问题调查。

（五）终身二孩生育意愿比较稳定

为了判断未来的生育行为，需要研究生育过程和生育意愿的选择性，要研究时期和终身二孩生育意愿，必须首先估计不同队列育龄妇女的终身生育意愿和生育意愿的完成情况。虽然 2013 年、2014 年和 2015 年终身打算生育二孩的育龄人群的比例略有差别，比如 2013 年的比例与 2014 年的非常接近都是 50% 左右，而 2015 年终身打算生育二孩的比例在 60% 左右，但仔细观察各年龄队列终身打算生育二孩的比例来看，其调查结果还是比较稳定的，比如 2013 年和 2014 年调查结果表明，各个年龄队列终身打算生育二孩的比例都稳定在 55% 左右，而 2015 年调查各队列的结果都稳定在 65% 左右。之所以 2015 年与 2013 年、2014 年存在一些差异，主要是样本中城镇人口比例不同，以及政策实施后的现实问题与假想问题影响了回答者的主观感受的系统差别。

表3　　　　2015年全国育龄妇女年龄别终身想生二孩的比例估计

年龄 （岁）	2013 年		2014 年		2015 年	
	样本量 （人）	（％）	样本量 （人）	（％）	样本量 （人）	（％）
15—19	63	20.63	54	24.07	26	50.00
20—24	218	49.08	211	49.76	131	60.31
25—29	392	47.45	378	48.41	470	66.38
30—34	557	50.45	546	50.18	545	70.28
35—39	584	54.62	567	54.50	584	68.49
40—44	836	49.40	819	48.96	653	59.88
45—49	816	54.41	743	54.37	681	59.47
合计	3466	50.87	3318	50.90	3090	64.17

资料来源：2013、2014、2015年中国家庭幸福感热点问题调查。

二　育龄人群生育计划

虽然生育意愿并不能等同于生育行为，但生育意愿对生育决策还是起到非常重要的作用，终身生育意愿是通过时期生育计划具体落实到实际生育行为上的。由于生育行为具有年龄—孩次递进和递进过程不可逆的特点，因此，相同的孩次属性和相同的终身生育意愿，由于年龄的不同，时期生育计划和生育行为可能有很大的差别，而且，随着年龄的增大和生育进度的不同，时期生育行为具有非常强的选择性和不确定性。也就是，未完成递进生育的人群与完成生育的有很大差异，生育意愿强的一定是首先完成生育计划，而没有完成的未来完成的可能性一定低于已经完成的。另外，时期生育计划受生育政策的影响或约束，因此，到底有多大比例的新增二孩政策目标人群打算生育二孩，是影响估计全面二孩生育政策实施的另一个关键问题。

（一）无生育政策平均计划生育子女数也低于平均理想子女数

理想子女数只是对育龄群体在不考虑自身具体情况下的测量，但具体到本人的生育计划的测量结果更接近于实际生育行为，也就是如果不考虑计划生育政策，育龄人群计划要几个子女。

2015 年调查不考虑生育政策条件下，育龄人群平均计划生育子女数为 1.92，比 2014 年调查的 1.81 提高了 0.11。从各个队列来看，2015 年育龄人群平均计划生育子女数均值表现出明显的中间低、两头高的特征，但各队列平均计划生育子女数均低于平均理想子女数，两者的平均值相差 0.08。从"60 后"到"90 后"，队列之间平均计划生育子女数的差别其实很小，变化的区间在 1.90—1.93，变动的幅度仅为 0.03。与 2014 年调查相别比，从"60 后"到"90 后"平均计划生育子女数的变动区间为 1.79—1.89，变动的幅度仅为 0.1。可见，调查得到的平均计划生育子女数也是非常稳定的。

无论是 2014 年的调查结果还是 2015 年的，育龄人群平均计划生育子女数都低于平均理想子女数。从总体上来看，2015 年调查平均计划生育子女数比平均理想子女数少 0.08，与 2014 年两者 0.09 的差距相比，两者的差距保持稳定，而且变化很小。

表4　　　　　　　　　　育龄人群平均计划生育子女数

调查	队列	N	计划子女	理想子女	差距
2015 年	"60 后"	605	1.92	2.00	0.08
	"70 后"	1300	1.91	2.00	0.09
	"80 后"	1050	1.93	2.01	0.08
	"90 后"	211	1.90	1.93	0.03
	合计	3166	1.92	2.00	0.08

续表

调查	队列	N	计划子女	理想子女	差距
2014 年	"60 后"	402	1.89	1.94	0.05
	"70 后"	767	1.79	1.88	0.09
	"80 后"	707	1.80	1.90	0.10
	"90 后"	209	1.81	1.88	0.07
	合计	2085	1.81	1.90	0.09

资料来源：2014、2015 年中国家庭幸福感热点问题调查。

（二）现行政策影响生育计划有限，平均降低计划生育子女数 0.20 左右

如果考虑到计划生育政策和现有子女数，可以分析现行生育政策条件下的生育计划。2015 年调查数据表明，如果考虑到现行生育政策，育龄人群打算生育的平均子女数为 1.72 左右，比不考虑生育政策的平均子女数降低了 0.20。从不同队列的比较来看，"60 后"在现行生育政策下打算生育的平均子女数最大，为 1.76 左右，比不考虑生育政策低 0.16 左右。90 后最低，为 1.53 左右，比不考虑生育政策的平均计划生育子女数低 0.4 左右。总体来看，如果考虑到现行生育政策，各个队列平均打算生育子女数都低于不考虑生育政策的平均数。说明生育政策的干预还是影响到育龄人群的生育打算，但影响的程度很有限，粗略地看，降低平均生育子女 0.2 左右。

表 5　　　　　　　　现行政策下的打算生育平均子女数

年龄	N	均值	下限	上限
"60 后"	584	1.7551	1.6944	1.8159
"70 后"	1271	1.7223	1.6829	1.7617
"80 后"	1029	1.7337	1.6956	1.7718
"90 后"	206	1.5291	1.4192	1.6391
总计	3090	1.7194	1.6899	1.7489

资料来源：2015 中国家庭幸福感热点问题调查。

（三）符合二孩生育政策的育龄人群计划生育二孩的比例不到 60%

在全部符合二孩生育的育龄人群中，明确生育二孩生育计划的比例不到 35%，而明确不打算生育二孩的超过 40%，没有想好生育时间的在 25% 左右。在有生育计划的育龄人群中，一年内打算生育的为 6% 左右，两年内打算生育的为 16% 左右，5 年内明确打算生育的在 30% 左右。

表 6 　　　　　　　　　　　　二孩生育计划

计划	人数	比例（%）
已经怀孕	25	2.40
正准备怀孕	38	3.64
准备明年	109	10.45
准备后年	60	5.75
再等 3—4 年	97	9.30
再等 4 年以上	11	1.05
还没有想好	273	26.17
不打算要了	430	41.23
总计	1043	100

资料来源：2015 年中国家庭幸福感热点问题调查。

（四）一孩政策强化的男孩性别偏好

为了测量生育的性别偏好，2015 年调查延续了 2014 年调查对男孩偏好的测量，与 2014 年的调查结果非常接近，2015 年回答男女都一样的比例在 61% 左右，比 2014 年高 1% 左右，回答要男孩的在 28% 左右，比 2014 年的 25% 左右高 3 个百分点左右，而回答要女孩的仍然在 10% 左右。与 2014 年的调查结果基本一致，男孩偏好依然非常强烈，说明出生性别比例有可能还有上升的空间。

另外，从理想子女的性别构成上也可以看到强烈的男孩偏好，而且看到强烈的孩次性别偏好。如果理想子女数为 2 个及以上，孩次构成的性别比基本正常或具有女孩偏好，而理想子女数为 1 个的，则具有强烈的男孩偏好，从图 3 可见三次调查的理想子女数的性别分布，比如 2015 年理想子女数为一个的孩子性别比超过 120。可见，男孩偏好在只生一个孩子的强制选择下突出出来。

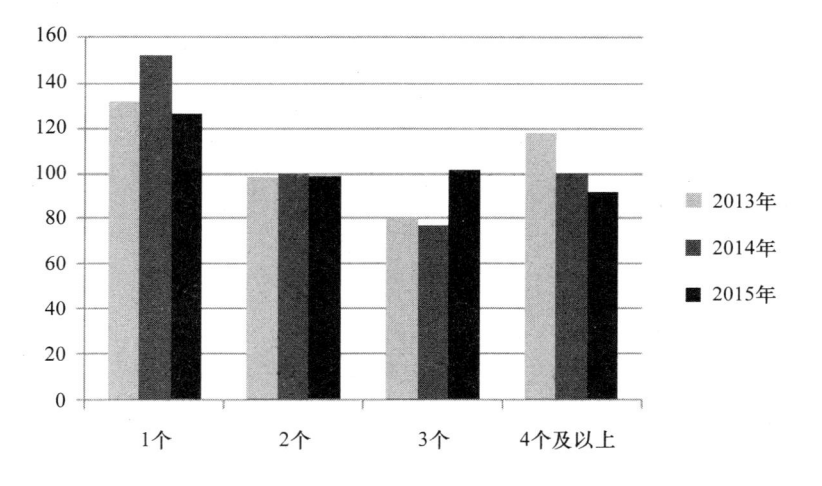

图 3　理想子女性别比

三　主要结论与政策建议

通过本次调查以及 2012 年以来的多次调查，可以得出以下几个基本结论：第一，育龄人群的生育意愿低于更替水平，平均理想子女数保持稳定；第二，生育计划与生育意愿存在差距，平均计划生育子女数比理想子女数低，因此，如果意愿完全实现，那么实际二孩生育水平肯定在 0.9 以下；第三，终身意愿生育二孩水平有所提高，估计目前在 0.6 左右，即 60% 左右的育龄夫妇有二孩生育打算；第四，育龄人群有明确生育二孩生育计划的比例不到 35%，而明确不打算生育二孩的超过 40%。没有想好生育时间的在 25% 左右；第五，现行政策影响生育计划有限，但一孩生育政策强化了性别偏好和生育性别选择。

　　针对调查结果和存在的问题，提出以下建议：第一，全面放开二孩生育政策，使生育水平尽快恢复到更替水平附近；第二，促进性别平等，进一步降低出生性别比；第三，实施做好长期应对低生育水平和人口结构性问题的战略规划和准备。

家庭结构与家庭幸福感

中国社会科学院人口与劳动经济研究所副研究员　伍海霞

伴随着工业化、城镇化与规模巨大的人口流动，中国家庭规模持续缩小，家庭结构进一步呈现出核心化趋势，且由于计划生育所引起的家庭子女数减少、人口迁移以及老年人与子女的分居等，老年家庭的空巢化表现得尤为突出。个体所生活的家庭的规模与结构，不仅在个体的发展、品德教育、文化传承、情感满足方面扮演着重要角色，也影响着每一个家庭成员的福祉与幸福感。家庭是个体幸福的源泉与依托，"幸福家庭各个相似，不幸家庭各有不同"。在什么样的家庭中个体感到更幸福？什么样的家庭居于其中的成员的家庭幸福感更强？2015 年中国家庭幸福感热点问题调查给了我们回答这些问题的路径。

一　家人健康、有自己的住房和夫妻和谐是
个人与家庭幸福的主要决定性因素

2015 年居民家庭幸福感调查表明，逾 40% 的被访者认为家人健康是个人与家庭幸福感的第一位决定性因素，其余依次为有自己的住房、夫妻和谐、有较高的收入与子女成才、心态好、有好朋友等。在现实中，家人健康一方面直接影响着家庭及其成员的生活水

平与生活质量；另一方面健康的体魄与良好的心态也使个体有能力和机会创造幸福，感知幸福。

有自己的住房成为部分被访者个人与家庭幸福感的标志，决定着个体与家庭的幸福程度。安居乐业一直是民众的普遍追求，随着城镇住房价格的攀升、农村建房成本的提高，住房已普遍从单一的居住效用延伸为家庭财富的象征，对个体及家庭生活水平与生活质量的影响倍增。另外，适龄子女顺利成婚也是大多数父母与青年男女衡量幸福的尺度之一，而当前在一些地区，随着婚嫁条件和结婚费用的上涨，有没有住房已成为适婚人群是否能顺利娶妻的先决条件，有自己的住房在决定个体与家庭幸福感中的地位逐步提高。

随着社会经济、文化的变迁，家庭权力结构发生变化，家庭中夫妻间从"男主女从"向夫妻平权转变，家庭内部从亲子轴心向夫妻轴心发展，夫妻关系成为家庭中的第一位关系，而夫妻和谐不仅有助于家庭的发展与稳定，也有利于子女教育、亲代赡养等家事决策与家庭资源的运用。

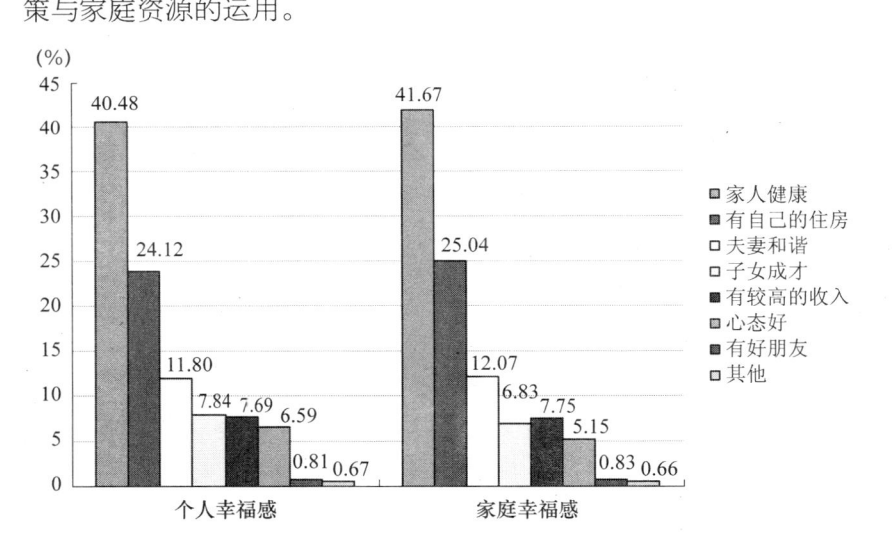

图1　个人与家庭幸福感的第一位决定因素

子女成才位次较后，可能源于当前一些父母对教育、就业等观念发生转变，相对于子女未来的受教育程度、就业岗位等，更重视子女的健康成长。另外，部分被访者目前无子女，子女教育尚未步入家庭计划，使得子女成才在家庭幸福感中的地位靠后。

认同有较高的收入是影响个人与家庭幸福感的决定性因素者所占比例较低，在一定程度上表明，多数被访者能较为理性地看待收入在个人与家庭幸福感中的作用，高收入并不总与个人、家庭的幸福相伴。

（一）不同家庭规模下个人与家庭幸福的决定性因素不同

调查结果表明，家庭规模对个人与家庭的幸福感产生了影响：相同家庭规模下，个体幸福感与家庭幸福感的决定性因素显著相似；而不同家庭规模下，被访者个体与家庭幸福感的决定性因素又有所差异。家人健康、有自己的住房依次是不同家庭规模中被访者

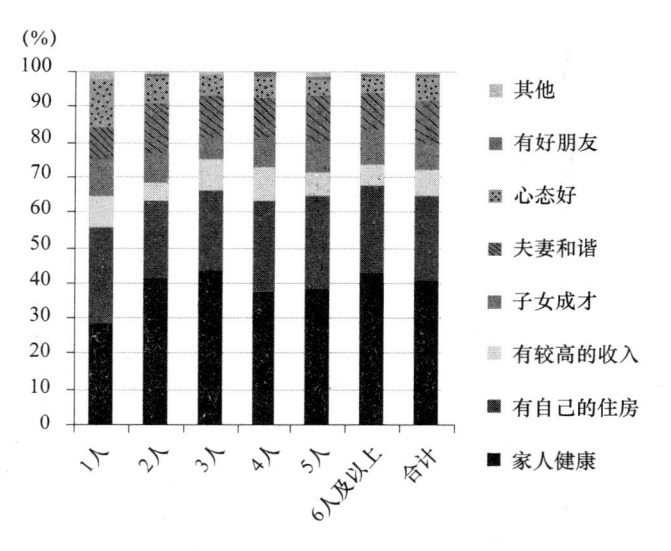

图 2 - a　不同家庭规模下个人幸福感的决定性因素

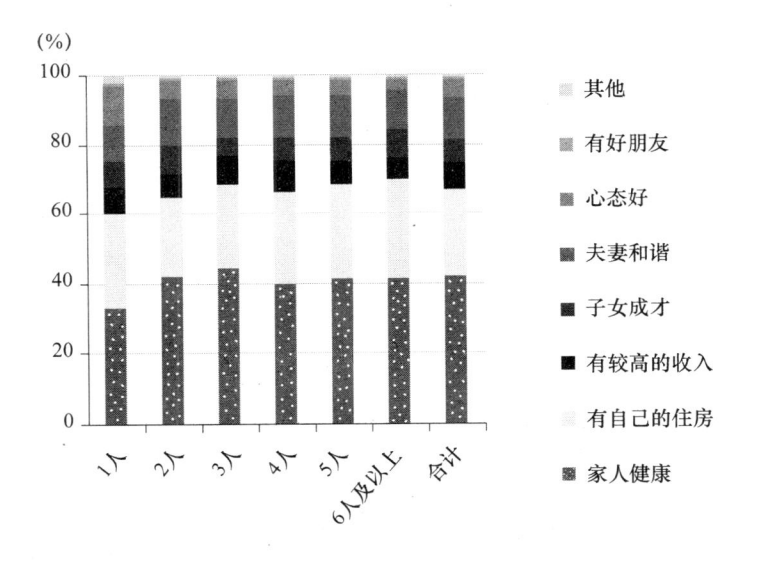

图 2 - b 不同家庭规模下家庭幸福感的决定性因素

最为认同的影响个人与家庭幸福感的第一位决定因素。除此之外，1 人户中心态好占比相对较高；其他规模家庭中，随着家庭成员的增多，夫妻和谐成为继家人健康、有自己的住房之外决定个人与家庭幸福感的关键因素。

（二）不同家庭结构下个人与家庭幸福的决定性因素存在显著差异

调查结果显示，同一家庭结构中被访者所认同的个人与家庭幸福感的第一位决定性因素存在差异，不同家庭结构中被访者认同的个人与家庭幸福感的第一位决定性因素高度相似。

家人健康仍是各类家庭中本次调查受访者中最为认同的影响个人与家庭幸福感的因素，且在核心家庭与直系家庭中表现得尤为突出。认同有自己的住房为影响个人与家庭幸福感的首要因素的被访者比例居次。绝大多数独居个体的个人幸福感取决于健康、住房和好的心态；家庭幸福感决定性因素中夫妻和谐、心态好则不分伯仲。夫妇家庭、标准核心家庭、二代直系家庭、三代及以上直系家庭和间隔直系家庭中的被访者认同夫妻和谐为影响个人与家庭幸福感的首要因素的比例相对高于单人户、其他核心家庭中的被访者。这可能源于多数夫妇家庭与直系家庭中的夫妻经常需要共同面对子

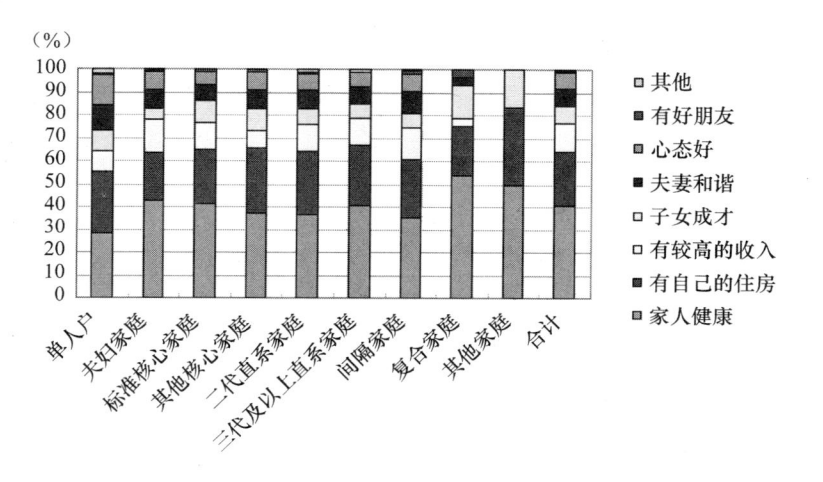

图 3 - a 不同家庭结构下个人幸福感的第一位决定性因素

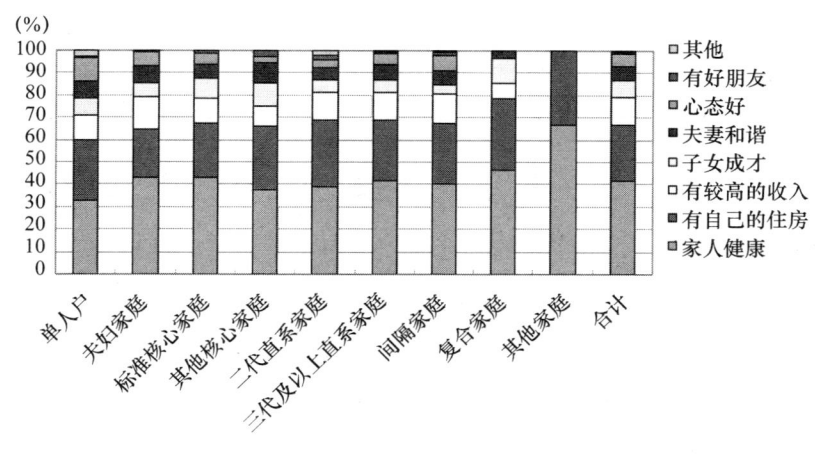

图 3 - b 不同家庭结构下家庭幸福感的第一位决定性因素

女、双方父母，以及兄弟姐妹，应对家庭内外事务，其更能体会到夫妻和谐对于家庭和谐发展的重要意义，因此，他们更认同夫妻和谐对个人与家庭幸福感具有决定性作用。单人户、其他核心家庭中由于夫妻一方的缺失，家事中以个人决策为主导，夫妻和谐对家庭幸福感的作用降低。

二　多数个人与家庭感觉幸福，家庭幸福感高于个人幸福感

2015 年调查发现，被访者个人幸福感标准化平均分为 6.40分。近 69.8% 的被访者个人幸福感标准化得分在 6 分及以上，多数被访者较为幸福或非常幸福，处于个人非常不幸福状态的被访者相对较少。同时，个体间的个人幸福感程度存在一定的差异。

被访者家庭幸福感标准化平均分为 6.60 分。近 73.9% 的被访者家庭幸福感标准化得分在 6 分及以上，多数被访者家庭较为幸福或非常幸福，处于家庭非常不幸福状态的被访者较少。2014 年，近 80.0% 的被访者家庭幸福感标准化得分在 6 分及以上，相对而言，2015 年被访者家庭幸福感有所下降。另外，2015 年被访者家

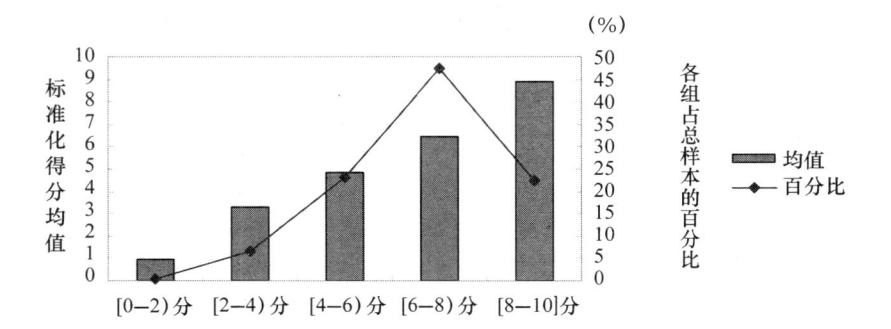

图 4 - a　个人幸福感标准化得分分组情况

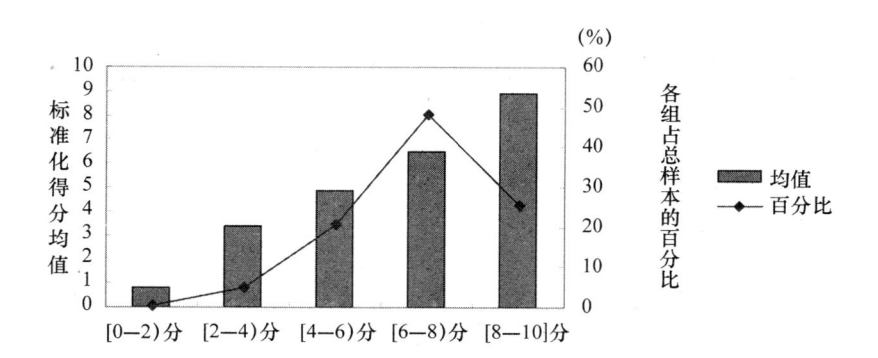

图4-b 家庭幸福感标准化得分分组情况

庭幸福感标准化得分高于个人幸福感，且个人幸福感与家庭幸福感存在较高的相关性。

（一）不同家庭规模下被访者的个体与家庭幸福感不同

调查发现，就个人幸福感而言，不同规模家庭中均有一定比例的被访者个人家庭幸福感标准化得分低于6分，多数被访者个人自评比较幸福或非常幸福；同一规模家庭中个人幸福感存在显著差异。4人及以上家庭中，随着家庭规模的上升，个人幸福感有增强的趋势。独居者中比较不幸福或很不幸福者所占比例最高，个人幸福感均值最低，个体间个人幸福感差异也较大。

从家庭幸福感看，单人户、4口之家的家庭幸福感相对较低，其他各规模家庭中家庭幸福感的分均值均高于总样本均值。这一结果在一定程度上表明，人口很少，尤其未婚人群，虽然各类牵挂相对较少，在个人需求得到较好满足后即会产生较高的幸福感，但日常生活中缺乏应有的互助与关怀，也会降低个体的家庭幸福感；随着家庭人口的增加，家庭世代数增多，4口之家多为2代同堂，代际间生活习惯、价值观等的差异，增大了家庭的不和谐，相应幸福感较低；5人和6人及以上家庭大多为3代，甚至4代家庭，多数家庭关注于孙辈或祖辈，共同的专注力也减少了婆媳、翁婿生活中的摩擦，促进了家庭幸福感的上升，在一定程度上表明，当前多代共居仍是一些家庭中亲子居住安排的理想方式，家庭成员的互助与交流促进了家庭幸福感的上升。

另外，相同的家庭规模下个人幸福感普遍低于家庭幸福感，更进一步地体现了家庭是个人生活幸福的源泉与归宿，虽然个人可能在学习、工作、社会交往等方面存在不如意，但能在家庭生活中得到温暖与满足，对家庭幸福感的追求是个体幸福的最终目标。

表1   不同家庭规模下被访者个人与家庭幸福感标准化得分

家庭规模	个人幸福感			家庭幸福感		
	<6分者比例（%）	均值	标准差	<6分者比例（%）	均值	标准差
1	33.20	6.22	2.011	27.05	6.42	2.022
2	30.80	6.41	1.743	26.08	6.61	1.739
3	30.80	6.42	1.764	27.29	6.63	1.733
4	30.27	6.36	1.739	26.77	6.55	1.706
5	26.97	6.44	1.682	22.56	6.65	1.613
6 +	27.59	6.49	1.684	23.56	6.67	1.680
合计	30.16	6.40	1.751	26.13	6.60	1.724

资料来源：2015年家庭幸福感热点问题调查。

（二）个人与家庭幸福是不同类型家庭中的主流

2015年调查发现，个人幸福感标准化得分均值为6.40分，家庭幸福感标准化得分均值为6.60分，表明多数个体与家庭较幸福或非常幸福。夫妇家庭、标准核心家庭、二代直系家庭和三代及以上直系家庭中个人幸福感与家庭幸福感标准化得分均值相对高于单人户、其他核心家庭。另外，从均值分布可知，各类家庭中个人幸福感标准化均值均低于家庭幸福感标准化得分。受样本量限制，复合家庭、其他家庭情况在此不做较深入分析。

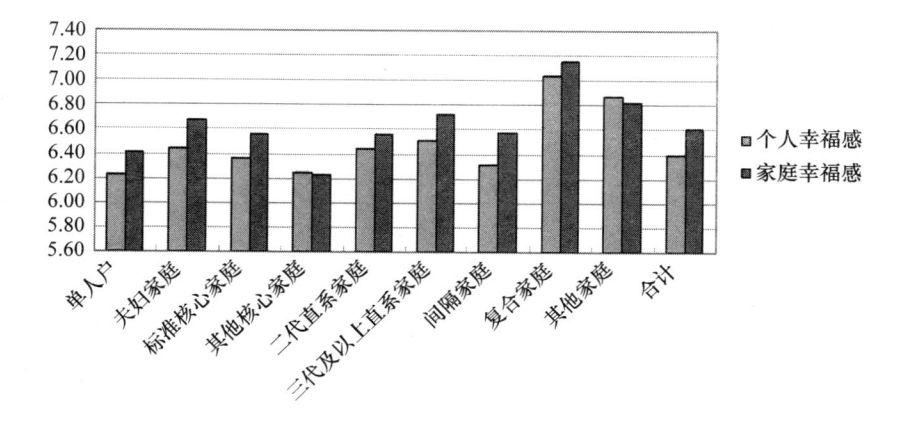

图5 个人与家庭幸福标准化得分均值

从幸福感标准化得分分组看，除复合家庭外，其余各类型家庭中均有一定比例的被访者个人幸福感标准化得分低于6分，处于很不幸福或比较不幸福的状态，且在其他核心家庭、单人户和标准核心家庭中表现得更为突出；个人幸福感标准化得分在6—8分者居多，8—10分者所占比例次之，各类家庭中个人较为幸福者相对较多。

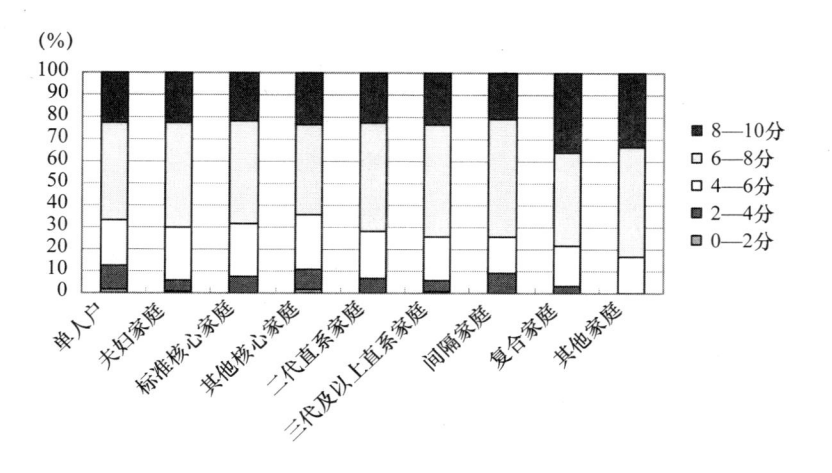

图6-a 个人幸福感标准化得分分布

就家庭幸福感而言，各类家庭中标准化得分在 6—8 分者所占比例最高，其次为 8—10 分者。其中，三代及以上直系家庭、夫妇家庭和二代直系家庭中逾 50% 的被访者家庭幸福感标准化得分在6—8 分，8—10 分者次之，多数被访者家庭幸福感较强；其他核心家庭中被访者家庭幸福感得分低于 6 分者所占比例相对较高，家庭不幸福者相对较多。

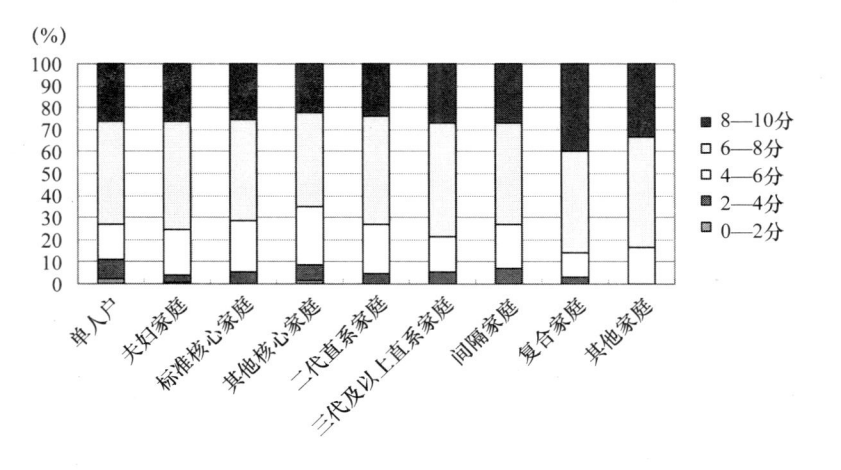

图 6 - b　家庭幸福感标准化得分分布

家庭规模与结构在一定程度上体现着家庭成员的婚姻状况、居住安排与代际关系。在本次调查的有效样本中，单人户主要由丧偶、初婚后单独外出流动，以及未婚群体构成，配偶缺失、初婚未能与配偶共同生活均会导致个体家庭幸福感的下降；间隔家庭多由祖辈与未成年的孙子女，或已婚孙子女与年老的祖父母构成，隔代间观念、生活习惯等的差异，也在一定程度上对其家庭幸福感带来了负面影响；其他核心家庭多为单亲家庭，个体离异、丧偶后配偶的缺失，或父亲或母亲的缺位使个体生活中缺少了应有的支持、关爱，亲情、爱情等的缺失又会对个体的心理产生一定的负面影响，降低了个人与家庭的幸福感。

三　个人、家庭与居住地等因素共同影响着个人与家庭幸福感

利用 2015 年家庭幸福感热点问题调查数据对个人与家庭幸福感影响因素分析结果表明，个体的年龄、性别、婚姻状况、职业、受教育程度、健康等因素，以及个体所生活的家庭的结构、居住地均对个人与家庭幸福感具有显著影响。

在农村居住更有利于个体与家庭幸福感的提高。虽然城镇化的加速促进了社会经济的发展，提高了居民的生活水平，但也随之带来了城镇地区居民较大的工作与生活压力，以及环境污染、食品安全等问题，对个体幸福感也带来了负面影响。相对于城市地区，农村自然环境优良，多数家庭土地的产出能满足日常吃穿用度等需求，加之青壮年劳动力外出务工，家庭收入增加，生活条件与生活水平普遍提高；另外，作为熟人社会，农村社区日常邻里互助、较为闲适的生活相对更有利于个体感受生活的富足与幸福。

男性的个人与家庭幸福感均低于女性。虽然我国在家庭、教育、就业等领域倡导男女平等，并取得了丰硕成果，但在社会与家庭中仍赋予了男性更大的责任与压力，使得男性缺乏应有的幸福体验。

已婚有配偶对个人幸福感的提高具有积极作用。已婚有配偶的个体，夫妻间相互依赖，生活中互相支持，生理与心理上的满足增强了个体应对工作、生活压力的信心与力量，夫妻和谐有效地促进了个体与家庭幸福感的提高。相反，丧偶、离异不仅是婚姻状况的转变，也是生活方式和社会角色的转变，对个体的日常生活、身心健康产生着较大的负面影响。

受教育程度越高，个体越有能力创造幸福、感知幸福。已有研

究表明，教育投入对个体的深入具有正向影响，较高的受教育水平可以使个体在成年后获取较好的经济收益，更好地满足个体与家庭在物质方面的需求。同时，较高的受教育水平，也使个体更有信心追求幸福，从精神层面感知与体验幸福。

身心健康是个人与家庭幸福的前提。健康的体魄给个体完成工作任务提供了条件，有健康的身体才能挑起生活的重担，使个体更有能力与实力应对生活与工作上的压力与困难，在实现自身价值的同时，享受生活所带来的幸福。同时，身体健康也减少了对家庭的拖累，更好地创造家庭幸福，享受幸福。

相对于在职人员，离退休者的个人与家庭幸福感更强。一方面，离退休后不再面对工作上的压力，闲适时间较为充裕，能更安逸地享受生活。另一方面，多数离退休者子女已成婚，养育、教育、子女婚嫁等责任业已完成，家庭经济负担剧减，能身心轻松地投入自身的家庭生活，生活满意度相对较高，能更好地体验个人与家庭幸福。

生活在标准核心家庭中的个体相应的个人与家庭幸福感更低；与之相反，生活在三代及以上直系家庭中的个体家庭幸福感更强。标准核心家庭中的被访者，或为为人父母的中老年人，需要面对工作上的压力，多数子女尚未成年成婚，家庭责任与负担重，幸福度相对较低；或为未婚的中青年群体，工作与生活压力大，婚姻的缺失也降低了其对幸福生活的感知。就三代及以上直系家庭而言，儿孙满堂，祖辈完成了抚育子女、助其婚嫁等责任，子辈也已养儿育女，积累了一定的基业，家庭处于"有序""上升"的发展状况，相应家庭成员的个人与家庭幸福感较高。

四 结语

2015 年调查表明，家庭是个人幸福感的源泉与归宿，家人健

133

康、有自己的住房和夫妻和谐是个人与家庭幸福感的主要决定性因素。相同的家庭规模、家庭结构下被访者的家庭幸福感普遍高于个人幸福感；不同家庭规模与家庭结构下个人幸福感与家庭幸福感不同。个人幸福感与家庭幸福感不仅取决于年龄、性别、受教育程度、职业、健康状况等个体自身因素，也受到家庭结构、居住区域等因素的制约。基于以上研究结论，提升个人与家庭幸福感，需要注重以下几个方面。

首先，从制度上进一步推进教育、就业等领域的公平与公正。合理整合教育资源，降低区域、城乡经济发展不平衡，以及相关政策偏差等引起的教育不公平，使适龄人群机会均等地获得相应的学历教育；加强职业教育，以及职业培训，继续降低劳动就业领域的性别歧视、地域歧视、年龄歧视等，为个体人力资本的储备、经济收入的提高营造公平的社会与政策环境；使有劳动能力者适时就业，并获取相应的报酬，为个体与家庭幸福提供物质上的保障，在实现自我价值过程中，感受与收获幸福。

其次，健康对家庭幸福感具有决定性作用，为此需继续完善公共卫生服务体系，进一步发挥卫生服务系统在疾病预防、卫生保健等方面的积极作用，提高民众的健康水平；加大城乡公共卫生投入，改善城乡居住环境，降低个体罹患疾病的风险。

最后，婚姻与家庭的稳定关系着个体与家庭的幸福，其又依赖于和谐的家庭关系，如夫妻关系、亲子关系，以及社会交往关系。为此，应在家庭教育与学校教育中倡导个体建立正确的价值观、婚姻观念与家庭观念，在社区加强家风、幸福家庭等的宣传，为个体与家庭幸福营造良好的社会文化环境。

家庭建设、国家政策与幸福感

中国社会科学院人口与劳动经济研究所副研究员　王　磊

在 2015 年春节团拜会上，习近平引用了唐代诗人孟郊的《游子吟》，他指出："中华民族自古以来就重视家庭、重视亲情。家和万事兴、天伦之乐、尊老爱幼、贤妻良母、相夫教子、勤俭持家等，都体现了中国人的这种观念。'慈母手中线，游子身上衣。临行密密缝，意恐迟迟归。谁言寸草心，报得三春晖。'唐代诗人孟郊的这首《游子吟》，生动表达了中国人深厚的家庭情结。家庭是社会的基本细胞，是人生的第一所学校。不论时代发生多大变化，不论生活格局发生多大变化，我们都要重视家庭建设，注重家庭、注重家教、注重家风，发扬光大中华民族传统家庭美德，促进家庭和睦，促进亲人相亲相爱，促进下一代健康成长，促进老年人老有所养，使千千万万个家庭成为国家发展、民族进步、社会和谐的重要基点。"

习近平的重要讲话，强调了家庭对于中华民族的重要性，阐明了家庭观念与家庭情结在中国人生活中的重要意义，点明了家庭对于国家、民族与社会的基点作用，同时也明确指出要重视家庭建设以及家庭建设的三大重要抓手：注重家庭、注重家教和注重家风。

那么，民众如何看待国家注重家庭建设、注重家庭与幸福感之间的关系？具体来说，民众如何看待家庭观念与家庭幸福感之间的关系？民众如何看待家教、家风与家庭幸福感之间关系？民众又认为哪些家庭建设政策更能有效提升他们的家庭幸福感？本文将主要就这些问题进行分析和论述。

本次对于居民家庭幸福感的调查在安徽、北京、河南、宁夏、山西、浙江、重庆 7 个省市实施调查，有效样本数量是 5981 个。与 2013 年和 2014 年的调查相同，2015 年中国家庭幸福感热点调查（以下简称 2015 年调查）采取了两种方式来测量家庭幸福感：一是直接让被访者回答家庭的幸福感程度，在"非常幸福、比较幸福、一般、比较不幸福、非常不幸福"之间进行选择。二是让被访者在 0—10 分之间进行打分。因为不同个体对家庭幸福感的认知基准存在显著差异，所以家庭幸福感测量存在自评异质性问题。因此，我们将家庭幸福感得分进行等比例标准化[①]，从而使得幸福感得分能够在不同群体间进行比较。本文的家庭幸福感得分均是"幸福感标准化得分"。

报告安排如下：首先，简要描述家庭幸福感的概况；其次，分别就家庭观念与家庭幸福感、家庭建设与家庭幸福感和国家政策与家庭幸福感三个方面进行描述分析；最后对研究发现进行总结并提出政策建议。

一　家庭幸福感之概况

性别、年龄、受教育程度、户籍性质、婚姻状态及生育状况和个体与家庭存在密切联系，这些人口学和社会学的变量都是影响家庭幸福感的重要因素。

2015 年调查表明，不同性别、年龄、受教育程度、户籍性质和婚育状况（35—44 岁）的民众具有差异明显的家庭幸福感得分。一般而言，女性、更年长、受教育程度更高、非农户口、初婚状态、生育 1 个孩子的家庭幸福感得分明显更高（见表1）。

---

①　等距离标准化方法假定调整后的得分与评分基准（本报告设定为 6 分）之差等于原始分数与幸福临界点之差。

表1   家庭幸福感之概况

变量	指标	幸福感得分	差异
性别	男	6.52	显著
	女	6.68	
年龄	≤19 岁	6.09	显著
	20—39 岁	6.60	
	40—59 岁	6.56	
	60—79 岁	6.74	
	≥80 岁	6.93	
受教育程度	小学及以下	6.48	显著
	初中	6.43	
	中专或高中	6.62	
	大学专科	6.60	
	大学本科及以上	6.93	
户籍	农业户口	6.54	显著
	非农业户口	6.67	
婚姻状态	未婚	6.35	显著
	初婚	6.65	
	再婚	6.20	
	离婚	6.12	
	丧偶	6.58	
生育状况 （35—44 岁）	未生育	6.22	显著
	生育1个，男孩	6.66	
	生育1个，女孩	6.69	
	生育2个，有男孩	6.51	
	生育2个，无男孩	6.44	
	生育3个及以上孩子	5.78	
平均得分		6.60	

资料来源：2015 年中国家庭幸福感热点问题调查。

图1是 2015 年中国家庭幸福感之概况的直观展现，结合表1，

可以发现：（1）女性的家庭幸福感得分（6.68 分）高于男性（6.52 分），并且也高于全体被调查对象的平均得分（以下简称平均得分）；（2）年龄越大、家庭幸福感得分越高，60 岁及以上幸福感得分超过平均得分，80 岁及以上幸福感得分（6.93 分）最高；（3）受教育水平越高、家庭幸福感得分越高，初中、高中或中专和大专的家庭幸福感得分达到或高出平均得分，大学本科及以上的家庭幸福感得分（6.93 分）最高；（4）非农户口的家庭幸福感得分更高，非农户口的家庭幸福感得分（6.67 分）高于平均得分，农业户口的家庭幸福感得分（6.54 分）低于平均得分；（5）所有婚姻状态中，初婚的家庭幸福感得分最高，也只有初婚的家庭幸福感得分（6.65 分）高于平均得分；（6）对 35—44 岁人口来说，只生育 1 个孩子（包括"生育 1 个孩子、男孩"和"生育 1 个，女孩"）的家庭幸福感得分超过平均得分，"生育 1 个，女孩"的家庭幸福感得分（6.69 分）最高，"生育 1 个，男孩"的家庭幸福感

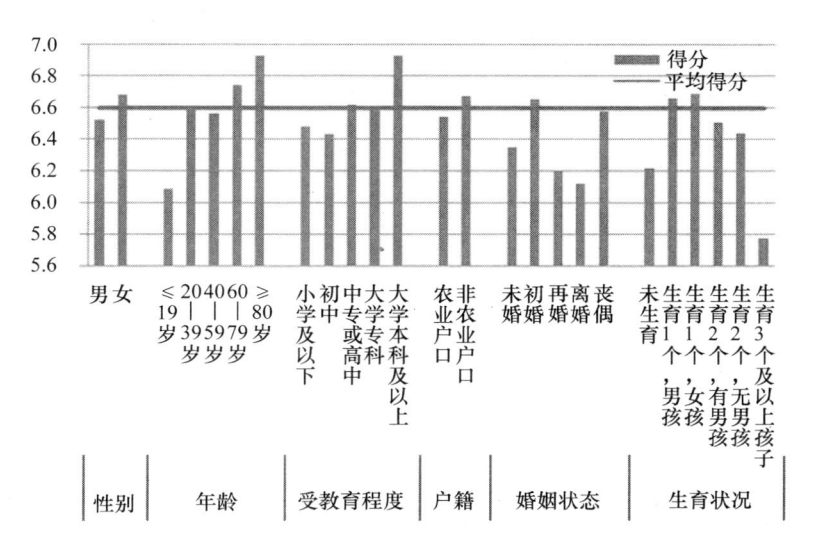

图 1　家庭幸福感得分

资料来源：2015 年中国家庭幸福感热点问题调查。

得分（6.66 分）与之非常接近。

二　家庭观念与家庭幸福感

　　家庭观念具有丰富内涵，它是人们对家庭的总体看法。习近平指出："中华民族自古以来就重视家庭、重视亲情。家和万事兴、天伦之乐、尊老爱幼、贤妻良母、相夫教子、勤俭持家等，都体现了中国人的这种观念。"概括来说，中国人的传统家庭观念集中体现了人们心中对家庭的高度重视。

　　家庭与工作是成人生存或生活的两大最基本和最重要的组成部分。对家庭与工作重要性的认知、评价与排序是人们家庭观念的集中体现。2015 年调查显示，当工作与家庭发生冲突并且不能同时兼顾的时候，70％的被调查对象选择"家庭优先"，只有 14％选择"工作优先"（见图 2）。这个结果表明，当前中国人的家庭观念仍是非常重视家庭、非常重视亲情。

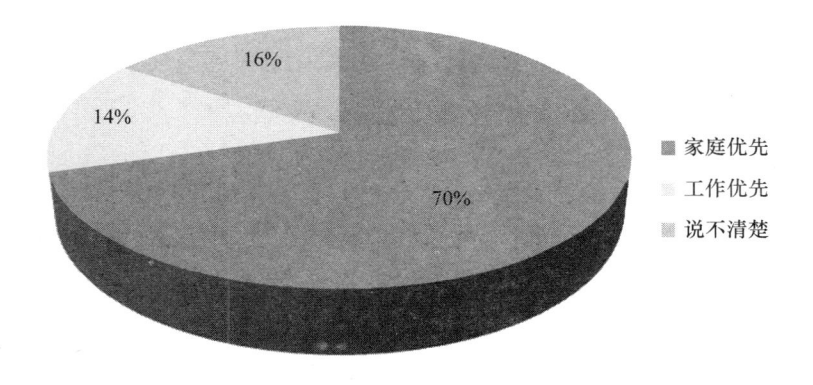

图 2　工作与家庭冲突时，您将？

资料来源：2015 年中国家庭幸福感热点问题调查。

2015 年调查发现，不同家庭观念的家庭幸福感存在显著差别（见表2）。当工作与家庭不能同时兼顾时，选择"工作优先"和"家庭优先"的幸福感得分都大于平均得分（见图2）。但是，选择"工作优先"的幸福感得分（6.79 分）更高（见表3），这个结果耐人寻味、引人深思。

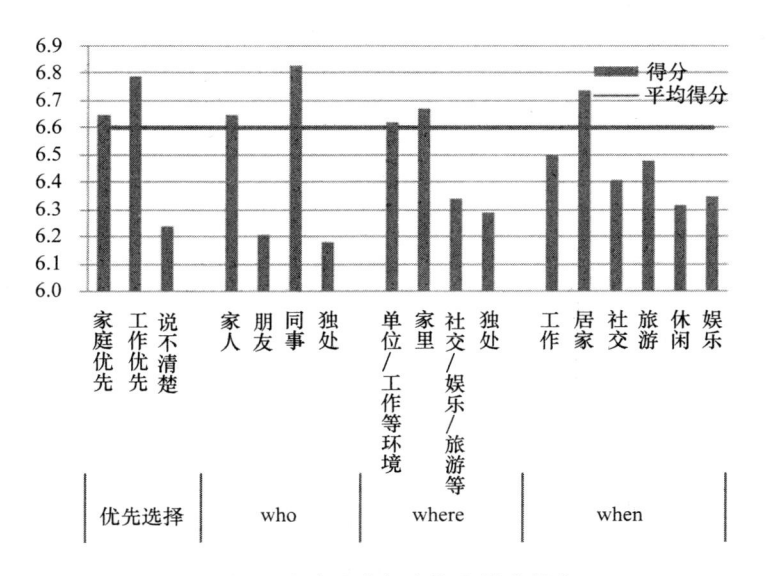

图 3   家庭观念与家庭幸福感得分

资料来源：2015 年中国家庭幸福感热点问题调查。

家庭观念与幸福感的关系还体现在以下三方面：一是和谁（who）在一起更幸福；二是在哪里（where）更幸福；三是什么时候（when）更幸福。2015 年调查显示，被调查对象在家里、居家时的幸福感得分都是最高的（见图3），分别达到 6.67 分和 6.74 分，但与同事在一起的幸福感得分（6.83 分）高过与家人（6.65 分）在一起的得分（见表2）。

表 2   家庭观念与幸福感得分

变量	指标	幸福感得分	差异
工作与家庭不能兼顾时，您将？	家庭优先	6.65	显著
	工作优先	6.79	
	说不清楚	6.24	
您和谁在一起时更幸福？	家人	6.65	显著
	朋友	6.21	
	同事	6.83	
	独处	6.18	
您在什么场合下更幸福？	单位/工作环境	6.62	显著
	家里	6.67	
	社交/娱乐/旅游	6.34	
	独处	6.29	
您在什么时候更幸福？	工作	6.50	显著
	居家	6.74	
	社交	6.41	
	旅游	6.48	
	休闲	6.32	
	娱乐	6.35	
平均得分		6.60	

资料来源：2015 年中国家庭幸福感热点问题调查。

三　家庭建设与家庭幸福感

习近平指出："家庭是人生的第一所学校"。2013 年 10 月 31 日，习近平在同全国妇联新一届领导班子集体谈话时强调："千千万万个家庭的家风好，子女教育得好，社会风气好才有基础。"同时，重视家风也是习近平对领导干部作风的明确要求。2015 年 2 月 28 日，他在主持中央深化改革领导小组第十次会议时强调，领导干部的家风，不是个人小事、家庭私事，而是领导干部作风的重要表现。

那么，民众如何看待国家强调重视家庭建设，提倡重视家庭、家教、家风与家庭幸福感之间的关系？简单来说，大众是否会认同"国家重视家庭政策将会提高国民（包括他们自己）的家庭幸福感"？2015 年调查显示，民众对"国家重视家庭建设将会提高国民家庭幸福感""家教良好的人家庭幸福感更高""家风良好的人家庭幸福感更高"这三个观点的认同度都比较高，"很认同"和"认同"的比例合计都分别在 85% 左右（见图 4、图 5 和图 6）。

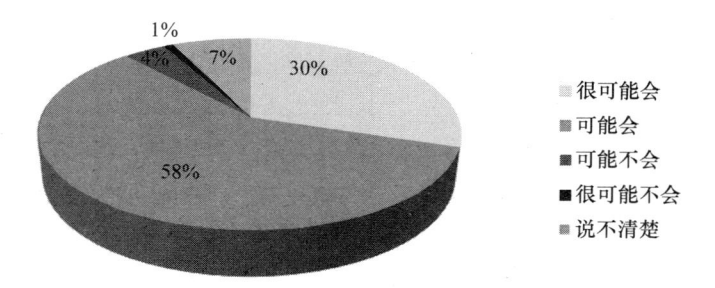

图 4　国家重视家庭建设将会提升家庭幸福感？

资料来源：2015 年中国家庭幸福感热点问题调查。

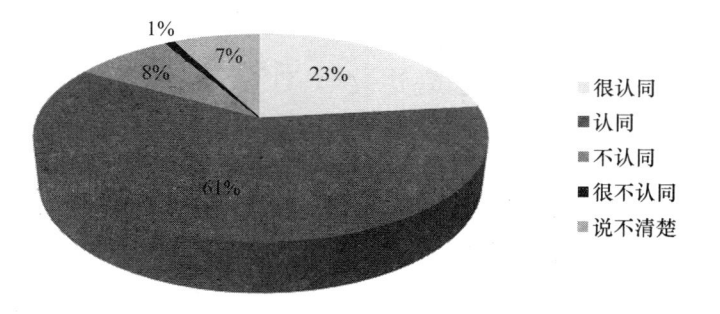

图 5　家教良好的人家庭幸福感更高？

资料来源：2015 年中国家庭幸福感热点问题调查。

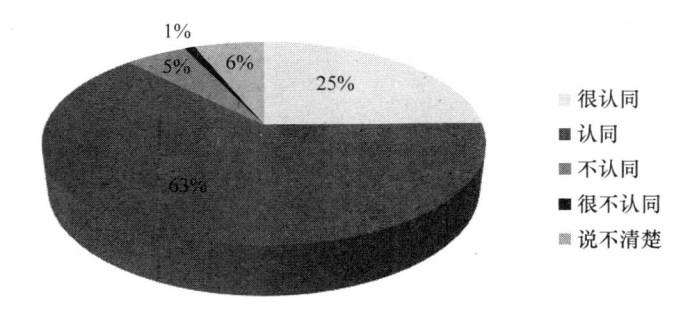

图 6　家风良好的人家庭幸福感更高？

资料来源：2015 年中国家庭幸福感热点问题调查。

那么，民众对"国家重视家庭与家庭幸福感关系"的认知和他们实际的家庭幸福感之间的具体关系究竟如何呢？2015 年调查显示，民众越认同"国家重视家庭能够促进家庭幸福感"则他们的家庭幸福感得分越高（见图 7、图 8 和图 9）。

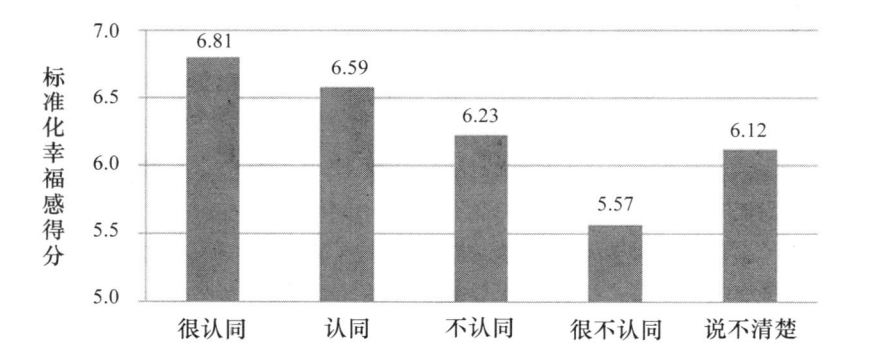

图 7　"国家重视家庭建设会提高国民家庭幸福感"的认同状况与家庭幸福感得分

资料来源：2015 年中国家庭幸福感热点问题调查。

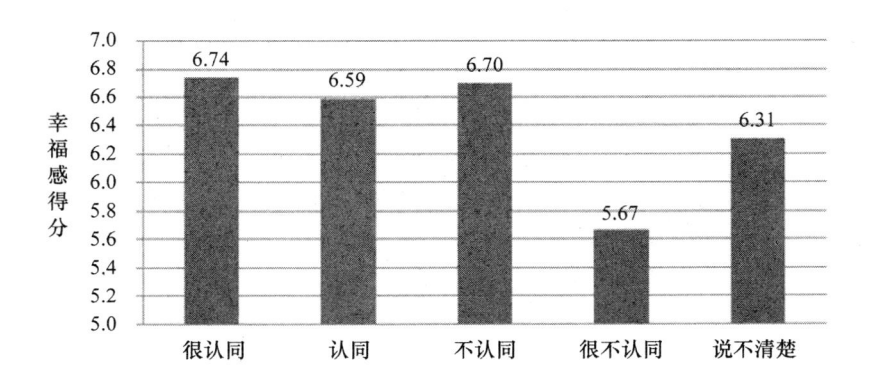

**图8 "拥有良好家教的人会有更高的家庭幸福感"的
认同状况与家庭幸福感得分**

资料来源：2015年中国家庭幸福感热点问题调查。

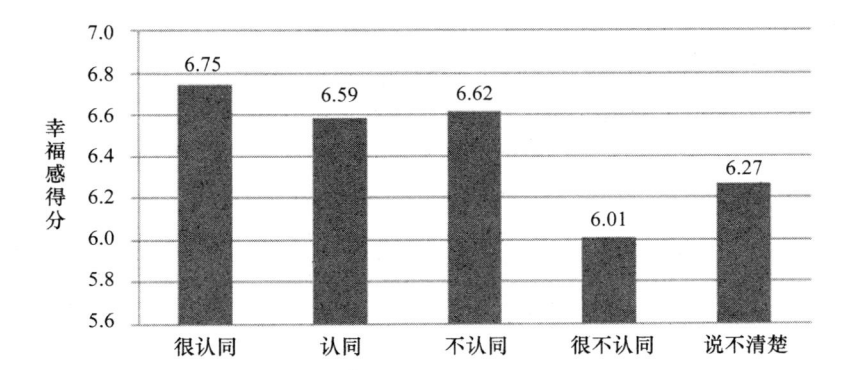

**图9 "拥有良好家风的人会有更高的家庭幸福感"的
认同状况与家庭幸福感得分**

资料来源：2015年中国家庭幸福感热点问题调查。

　　具体来看，民众对"国家重视家庭建设会提高国民家庭幸福感"的认同度越高，他们的家庭幸福感得分就越高。比如，很认同"国家重视家庭建设会提高国民家庭幸福感"的家庭幸福感得分最高（6.81分），很不认同的家庭幸福感得分最低（5.57分）（见图7）。

民众对"拥有良好家教的人会拥有更高的家庭幸福感"的认同度越高，他们的家庭幸福感得分就越高。比如，很认同"拥有良好家教的人会拥有更高的家庭幸福感"的家庭幸福感得分最高（6.74 分），很不认同的家庭幸福感得分最低（5.67 分）（见图8）。

民众对"拥有良好家风的人会拥有更高的家庭幸福感"的认同度越高，他们家庭幸福感得分就越高。比如，很认同"拥有良好家风的人会拥有更高的家庭幸福感"的家庭幸福感得分最高（6.75分），很不认同的家庭幸福感得分最低（6.01 分）（见图9）。

总体看来，一方面，民众比较认同"国家重视家庭建设能够提高国民家庭幸福感"；另一方面，更加认同"重视家庭建设能够促进家庭幸福感"的民众也拥有更高的家庭幸福感得分。由此可以推见，国家与政府重视家庭建设，重视家庭、家教与家风将会提高民众的家庭幸福感。

那么，为了达到这个目标，国家与政府需要在哪些方面出台哪些政策措施呢？下一部分将具体描述和分析这个问题。

四　国家政策与家庭幸福感

2015 年调查询问了被调查者："您认为国家采取何种措施能够有效提升您自身的家庭幸福感？"图 10 展示的情况是被调查者所认为的最为主要的政策措施。结果显示：民众首先希望国家提供经济支持（包括加大给予全体家庭的经济福利和加大给予困难家庭的经济补助）（合计比例达到52%），其次则是希望国家加强宣传和表彰先进模范家庭（比例为31%），其余各项政策措施（包括实行单独二孩生育政策、实行全面二孩生育政策、全面放开生育控制和其他）的合计比例仅占17%。

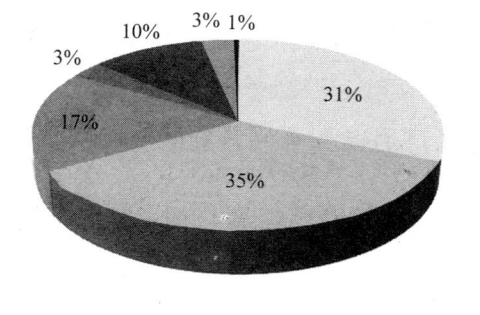

图10　提升家庭幸福感的政策措施

资料来源：2015 年中国家庭幸福感热点问题调查。

　　民众"希望国家采取何种政策措施提高家庭幸福感"？2015 年调查显示，58% 的被调查对象希望国家提供给家庭更多物质上的支持，40% 希望国家提供更多精神与文化层面的支持（见图11）。可见，当前民众对"国家提供给家庭更多物质支持"的需求明显更高。

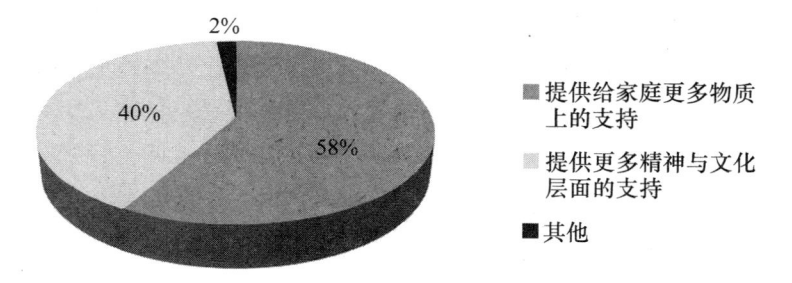

图11　希望国家采取何种政策措施提高家庭幸福感

资料来源：2015 年中国家庭幸福感热点问题调查。

注：调查中此问题是单选。

　　那么，民众希望国家给予家庭支持的政策措施与他们的家庭幸福感之间有何种关系呢？2015 年调查显示，希望国家"实行单

独二孩生育政策"民众的幸福感得分（6.81分）最高。这可能
与单独二孩生育政策有直接关系。因为这个政策已经颁布实施
了，所以，受惠于该政策的人口群体的家庭幸福感得分会显著增
高。希望国家"加强宣传和表彰先进模范家庭"的民众的幸福感
得分（6.69分）位列第二。而希望国家"加大给予困难家庭经
济补助"的幸福感得分（6.42分）最低（见图12）。这个结果
可能与被调查对象本身的特征有关，即家庭经济条件困难的幸福
感得分最低，同时，家庭困难的人也最希望国家"加大给予困难
家庭经济补助"。

另外，希望国家"提供更多精神与文化层面的支持"的被调查
对象拥有更高的家庭幸福感得分（6.69分），希望国家"提供给家
庭更多物质上的支持"的被调查对象的家庭幸福感得分（6.54分）
较低（见图13）。

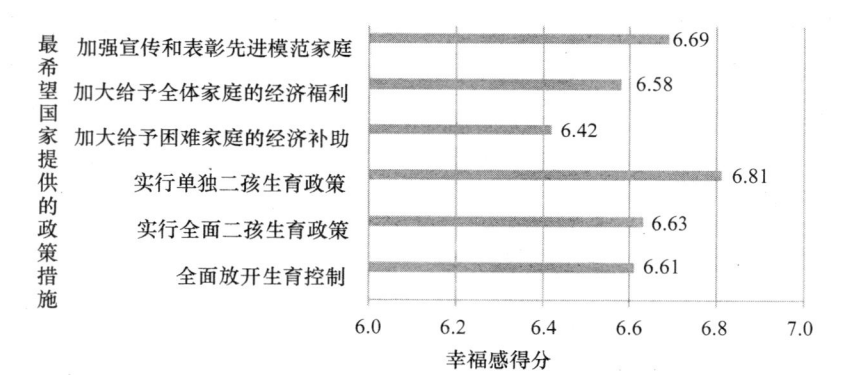

图12 最希望国家提供的政策措施与幸福感得分

资料来源：2015年中国家庭幸福感热点问题调查。

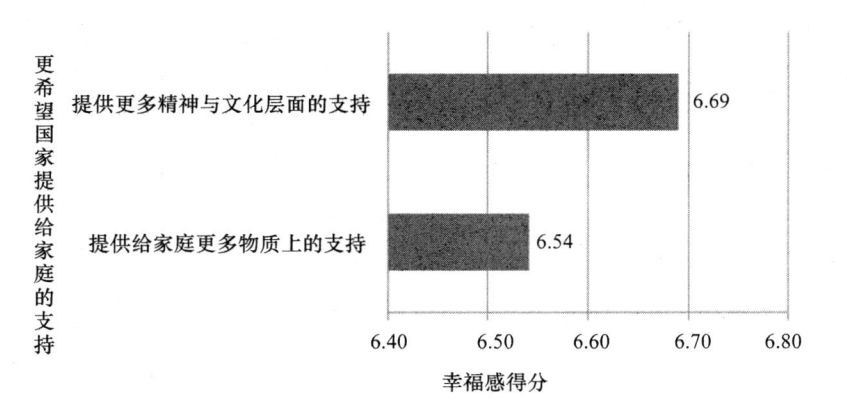

图 13　希望国家提供给家庭的支持与幸福感得分

资料来源：2015 年中国家庭幸福感热点问题调查。

五　小结与讨论

伴随着几十年来持续的社会经济发展进程，我国的居民生活物质条件和人民思想观念都已经发生了巨大变化。在经济发展层面进入中高速增长新常态和文化建设层面倡导重视家庭、重视家教和重视家风的新时代背景下，探讨家庭观念、家庭建设与家庭政策与民众家庭幸福感之间的关系具有重要的现实意义。

通过对 2015 年中国家庭幸福感热点调查数据的分析，我们发现：（1）家庭幸福感的概况看，不同性别、年龄、受教育程度、户口性质、婚姻状态和生育状况的家庭幸福感得分存在显著差别，女性、更年长、受教育程度更高、非农户口、初婚状态和生育 1 个孩子的家庭幸福感更高。（2）家庭观念与家庭幸福感的关系看，目前国人仍秉承"非常重视家庭、重视亲情"的传统家庭观念。国人在家里、与家人在一起时的家庭幸福感最高。不过，当工作与家庭不能同时兼顾时，选择"工作优先"的幸福感得分高于选择"家庭优先"的幸福感得分，"与同事在一起时"的幸福感得分高

/// 家庭建设、国家政策与幸福感 ///

于"与家人在一起时"的幸福感得分。（3）家庭建设与家庭幸福感的关系看，民众对"国家重视家庭建设将会提高国民家庭幸福感""家教良好的人家庭幸福感更高""家风良好的人家庭幸福感更高"这三个观点的认同度都比较高。（4）国家政策与家庭幸福感的关系看，民众比较认同"国家重视家庭建设能够提高国民家庭幸福感"，更加认同"重视家庭建设能够促进家庭幸福感"的民众拥有更高的家庭幸福感。还有，虽然民众最希望"国家给予家庭更多的物质支持"，但是希望"国家给予家庭更多精神与文化层面支持"的民众的家庭幸福感更高。

基于上述发现，我们建议：（1）在出台相关家庭政策措施时，政府部门需要注意关注男性、年龄更年轻、受教育水平更低、农业户口、非初婚状态的人口群体的家庭幸福感状况，加强人群分类意识以便有效地提升全体国民的家庭幸福感。（2）当工作与家庭不能兼顾时，选择"工作优先"的家庭幸福感得分要高于选择"家庭优先"的家庭幸福感，"与同事在一起时"的家庭幸福感得分要高于"与家人在一起时"的家庭幸福感。这两点发现说明，国家、社会与民众还需要重新审视传统教育强调集体主义和"工作优先"的文明宣传导向，需要加大力气在全社会弘扬重视家庭、家教与家风的传统文化。（3）加大给予家庭物质支持仍是国家与政府加强家庭建设、提升民众家庭幸福感的首要任务，尤其是要继续加强对困难家庭给予支持的政策措施。同时，给予家庭的精神和文化层面支持的重要性也在提升，国家与政府仍需要加大宣传优秀家庭文化和家庭观念。

总之，在新的社会经济发展阶段，强调家庭建设、重视家庭、支持家庭和谐发展是国家和政府凝聚社会共识、促进社会整合、提高民众家庭幸福感以实现和谐社会的正确抉择。国家与政府在支持家庭建设的同时，尤其需要加强家庭分类意识，并做好政策需求的

149

分析、预测与政策实施效果评估。通过这些举措，国人的家庭幸福感有望进一步提升，国家发展也更有可能实现社会发展的文明和谐和经济增长的健康持续。

心理健康与幸福感

中国人民大学社会与人口学院社会学博士　李　丁

幸福感作为一种稳定而持续的积极情绪状态，是个体对自身整体状态与福祉综合感知判断的结果。心理健康作为健康的重要组成部分，对幸福感意义重大。长期无法摆脱的负面情绪与心理疾患不仅会影响到个体生活质量，还会影响到家庭幸福。在 2015 年的"家庭幸福感热点问题调查"中，我们继续关注了心理健康状况及其与幸福感的关系。这一部分，我们将说明心理健康与幸福感的测量方法，心理健康对幸福感的影响，以及心理健康的影响因素，从而为提高民众幸福感提供有依据的建议。

心理健康与幸福感的测量

首先，简单说明一下心理健康与幸福感的测量方法。2015 年调查仍通过最近两周内 4 种负面情绪（情绪低落、焦虑、忧郁以及绝望）出现的频率来测量受访者的心理健康状态。负面情绪是心理健康状况的重要表征。这些情绪出现的频率分为从没有、偶尔有、时有时无、经常有、总是有 5 个等级。分析表明，4 种情绪状态高度相性，信度系数为 0.79，与 2014 年完全一样。依照往年的方法，报告将 4 个题项加权加总成综合性的心理健康指数（权重依次为 0.125、0.175、0.325、0.375）。综合指数的取值范围为 0—100，分数越高，负面情绪越严重，心理健康状况越差。

在幸福感的测量上我们做了多种尝试。首先询问了受访者对自身幸福感的判断："总的来说，您觉得自己现在幸福吗?"选项包括：(1) 很幸福；(2) 幸福；(3) 一般；(4) 不幸福；(5) 很不幸福。我们也询问了受访者家庭幸福度情况，"您觉得您的家庭幸福吗?"(1) 非常幸福；(2) 比较幸福；(3) 一般；(4) 不怎么幸福；(5) 很不幸福。此外，考虑到自评幸福感的异质性问题，调查采用 11 分量表的方式询问了受访者家庭幸福的程度以及幸福的标准（幸福评分中几分以上才算幸福），参照各人的幸福标准，调整得到可比幸福感，并统一用 6 分作为幸福感基准[①]。分析表明，幸福感的不同测量之间存在较高的相关性（见表 1）。幸福感自评分越高的受访者幸福的标准定得也比较高，因此标准化后的幸福感指标与幸福标准之间存在负相关。个人幸福感和家庭幸福感紧密相关，两者相关系数在 0.7 以上。其中，5 分量表测量的家庭幸福感和个人幸福感的相关系数是 0.718；11 分原始量表结果的相关系数是 0.8；等比标准化后的相关系数是 0.832；等距标准化后的两种幸福感的相关系数是 0.814。不同方式测量的个人幸福感之间的相关系数也比较高，5 分测量和 11 分测量的个人幸福感相关系数为 −0.614，两个家庭幸福感之间的相关系数为 −0.599（取值为负是因为 5 分测量的赋值越大越不幸福）。从内部一致性和稳定性来看，这些有关幸福感的测量是稳定的。后文我们将主要使用等距标准化的个人幸福感和家庭幸福感。

[①] 具体方法请参见 2014 年报告和王广州、王军《中国家庭幸福感测量》，《社会》2013 年第 6 期。

表 1   幸福感不同测量方式的相关度

	1	2	3	4	5	6	7	8	9
1. 个人幸福 (5分)									
2. 家庭幸福 (5分)	0.718								
3. 个人幸福 (11分)	-0.614	-0.542							
4. 家庭幸福 (11分)	-0.547	-0.599	0.801						
5. 个人幸福 (等比)	-0.345	-0.311	0.531	0.424					
6. 个人幸福 (等距)	-0.407	-0.358	0.632	0.496	0.900				
7. 家庭幸福 (等比)	-0.281	-0.307	0.391	0.488	0.832	0.718			
8. 家庭幸福 (等距)	-0.347	-0.378	0.490	0.601	0.742	0.814	0.888		
9. 家庭幸福 (标准11分)	-0.084	-0.093	0.144	0.193	-0.517	-0.538	-0.636	-0.668	
10. 个人幸福 (标准11分)	-0.099	-0.088	0.200	0.172	-0.607	-0.634	-0.517	-0.541	0.824

绝大多数人心理健康状况良好，轻微负面情绪者有所增加

绝大多数受访者心理健康状况良好，但确有部分受访者遭到负面情绪的困扰。在过去两周内有42%的受访者出现过情绪低落的情况，经常如此的人达到3.5%。30%的人有过焦虑的情况，经常或总是处于焦虑状态的人也有2.4%。认为自己在两周内出现过抑郁的人有17%，经常或总有的人占1.4%。有过绝望心态的人略低于5%。总体而言，与2014年维持一致，但表示情绪低落、焦虑、

抑郁状态"时有时无"的受访者比例略有提高，表示经常及总是情绪低落的比例也有所增加。

表2　　　　　　　　　被调查者过去两周情绪状况　　　　(单位:%，个)

	情绪低落	焦虑	抑郁	绝望
2014 年				
没有	60.1	70.8	83.2	95.4
偶尔有	32.1	21.4	11.9	3.2
时有时无	5.6	5.5	3.5	1.0
经常有	1.7	1.9	1.2	0.4
总是有	0.5	0.4	0.2	0.1
合计	100	100	100	100.1
样本数	3554	3478	3464	3455
2015 年				
没有	58.0	69.5	82.4	95.5
偶尔有	31.7	21.8	11.9	3.2
时有时无	6.8	6.3	4.4	0.9
经常有	2.8	2.0	1.0	0.3
总是有	0.7	0.4	0.3	0.1
合计	100	100	100	100
样本数	5957	5911	5896	5887

从综合的心理健康指数来看，2015 年有 52.8% 的人表示完全没有负面情绪，41.1% 的人偶尔有一些负面的心理情况（得分 25 分及以下），5.2% 不时出现负面的心理状态（得分 50 分及以下），另外有 0.82% 的人经常出现相对严重的负面心理（得分 50 分以上）。这一分数结果与2014 年的结果同样非常接近，健康状况略有下降。

健康与幸福感紧密相关，且越来越被人们重视

同 2014 年的结果一样，心理健康与幸福感之间存在明显相关，心理健康的人幸福感更高。心理健康综合指数得分 50 分以上的受访者有 48% 表示不幸福或很不幸福，35% 以上表示家庭不幸福或很不幸福。从心理健康状况和幸福感的散点图可以看到，两者之间存在较为明显的相关（见图 1）。负面情绪越严重（心理健康指数得分越高）幸福感得分偏低的比例更高。

与心理健康一样，身体健康状况与幸福感之间的关系也很明显。最近三个月身体健康状况很不好的受访者有 48% 表示自己不幸福，42% 表示家庭不幸福；而身体健康的受访者中对应的比例分别仅为 1.6% 和 0.9%。

表3　　　　　　心理健康与个人幸福感、家庭幸福感　　（单位:%，个）

	非常幸福	比较幸福	一般	不怎么幸福	很不幸福	合计	样本数
个人幸福							
很健康	31.0	52.3	15.3	1.3	0.1	100.0	3072
较健康	12.3	54.8	28.6	3.8	0.6	100.1	2399
轻微	5.2	35.4	46.8	9.7	2.9	100.0	308
严重	4.2	14.6	33.3	31.3	16.7	100.1	48
合计	21.7	52.1	22.6	3.0	0.6	100.0	5827
家庭幸福							
很健康	31.3	53.6	14.1	0.8	0.1	99.9	3096
较健康	13.8	57.3	25.6	2.7	0.6	100.0	2416
轻微	7.8	42.9	41.9	5.8	1.6	100.0	308
严重	2.1	25.0	37.5	27.1	8.3	100.0	48
合计	22.6	54.3	20.5	2.1	0.4	99.9	5868

注：由于四舍五入，合计的百分比并不完全等于 100.0%。

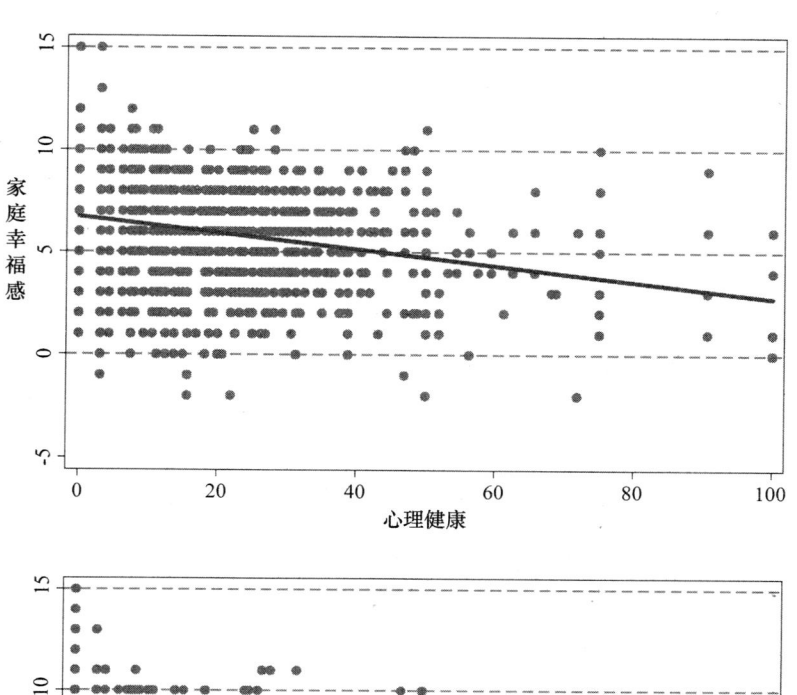

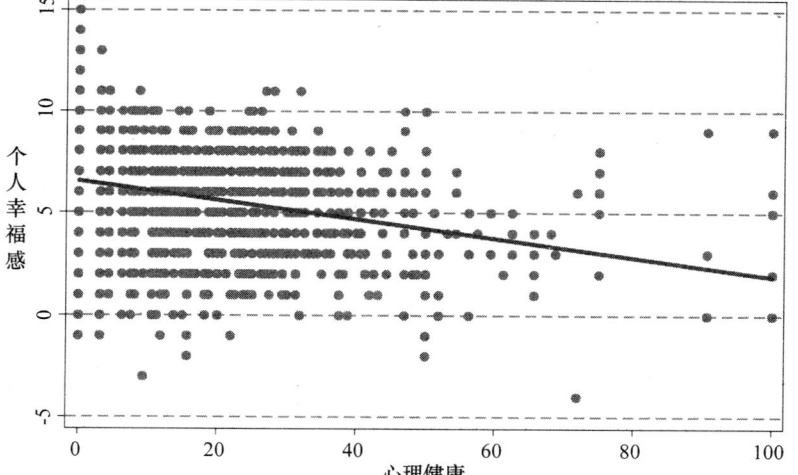

图1　心理健康与个人幸福感、家庭幸福感的关系

　　健康对幸福感的重要性为人们所熟知。2015年，超过40%的受访者将"家人健康"作为决定个人幸福感和家庭幸福感的基础；

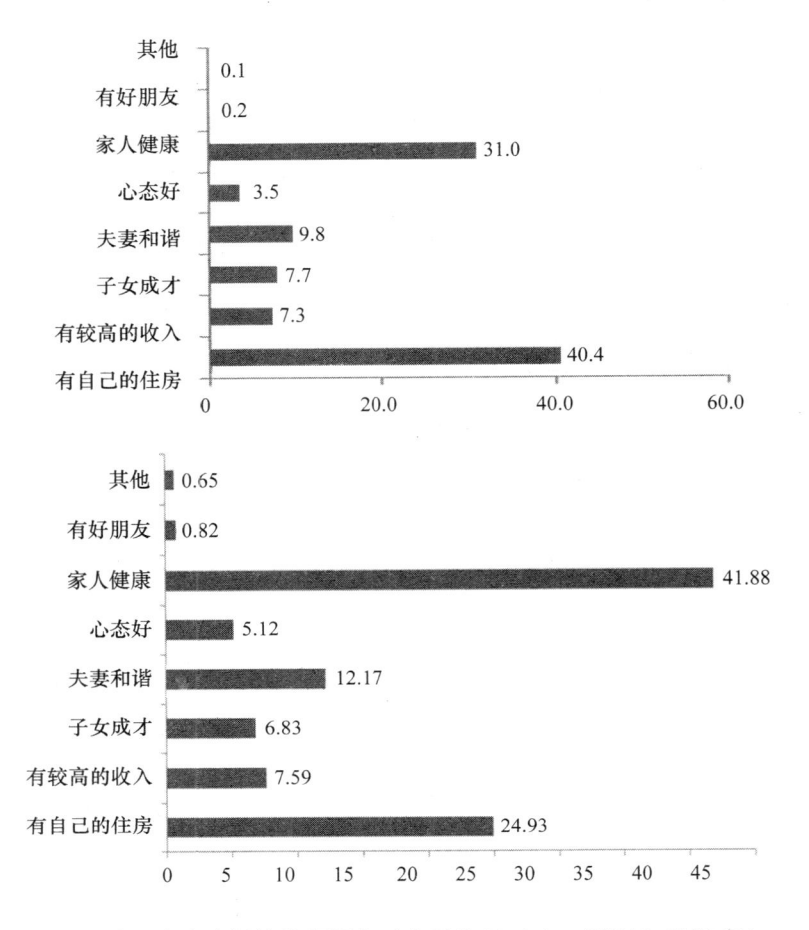

图 2　决定家庭幸福的首要因素（上图为 2014 年，下图为 2015 年）

超过 80％ 的受访者认为家人健康是决定个人幸福感和家庭幸福感最重要的 4 个因素之一。同 2014 年的调查相比，民众对于健康的重视明显提高了。选择家人健康作为幸福感首要决定因素的比例提高了 10 个百分点，选择心态好的比例也提高了 1.6 个百分点。想必，"家人健康" 应该包括心理和身体上的双重健康。与此同时，人们对住房的强调下降了，选择 "有自己的住房" 为家庭幸福感的首要决定因素的比例从 40.4% 下降到 24.9% 。而且负面情绪较严重的受访者更强调家人健康对个人幸福感和家庭幸福感的影响，有 50% 将之作为决定幸福感的首要因素。他们中也有更多人看重夫妻和谐、子女成才对幸福感的影响，看重收入和住房的人更少。

心理健康状况不同，感受幸福的方式也存在一些差异。大多数人都认为与家人在一起时更幸福。但有负面情绪时，选择和朋友待在一起的人会增加。负面情绪严重的受访者选择与家人在一起、居家时更幸福的比例更低一些，也更少认为旅游时更幸福。他们会更倾向于独处，或者认为常见的时间、场景、人物都无法让自己更幸福（选择其他的人增多）。

表4　　　　　**不同心理健康状态的人感到幸福的情景差异** （单位:%，个）

	很健康	较健康	轻微	严重	全部样本
您和谁在一起时更幸福					
家人	91.4	86.1	78.6	74.5	88.4
朋友	6.1	10.9	13.6	8.5	8.5
同事	1.4	1.4	1.0	2.1	1.3
独处	1.1	1.3	6.2	12.8	1.5
其他	0.1	0.3	0.6	2.1	0.2
合计	100	100	100	100	100
样本数	3103	2418	308	47	5876
您在什么场合下感觉更幸福					
单位/工作环境	5.2	4.1	3.6	6.3	4.7
家里	78.4	70.1	68.1	64.6	74.3
社交/娱乐/旅游	15.2	24.1	26.1	18.8	19.5
独处	1.0	1.0	1.6	6.3	1.1
其他	0.2	0.6	0.7	4.2	0.4
合计	100	100	100	100	100

	很健康	较健康	轻微	严重	全部样本
样本数	3100	2415	307	48	5870
您在什么时候感觉更幸福					
工作	5.9	6.3	4.9	6.3	6.0
居家	62.1	51.1	55.5	50.0	57.1
社交	4.6	5.1	6.2	6.3	4.9
旅游	14.1	17.3	14.0	10.4	15.4
休闲	7.1	11.3	9.4	16.7	9.0
娱乐	5.9	7.8	9.4	6.3	6.9
其他	0.4	1.0	0.6	4.2	0.7
合计	99.9	99.9	100	100.2	100
样本数	3100	2415	308	48	5871

注：由于四舍五入，合计的百分比并不完全等于100.0%。

有负面情绪的人更不相信国家重视家庭建设会提升国民的家庭幸福感，或者拥有良好家教会有更高的家庭幸福感；明确不认同有良好家风的人会更幸福的比例也更高；希望国家在制定提高家庭幸福感的政策时给家庭提供更多物质支持。负面情绪严重的人中选择调整计划生育政策能改善家庭幸福感的比例更高。

表5　　　　　不同心理健康状态的人认同相关观点的比例　　　（单位：%）

表述	很健康	较健康	轻微	严重	合计
国家重视家庭建设会提升国民的家庭幸福感	90.9	86.2	77.2	73.0	88.1
拥有良好家教的人会有更高的家庭幸福感	87.2	80.1	73.7	68.8	83.4
拥有良好家风的人会有更高的家庭幸福感	90.2	85.8	76.7	81.3	87.6
计划生育政策能有效提升家庭幸福感	15.8	16.1	12.7	18.8	15.9
提高家庭幸福感政策应提供更多物质支持	57.8	57.8	65.2	64.6	58.2

社会经济地位较低的人更容易出现负面的心理与情绪

　　既然心理健康对人们的幸福感水平、感受幸福的方式都有所影响，那么，什么因素会影响人们的心理健康状况呢? 2014 年调查显示男女之间在幸福感上不存在显著差异，不同家庭结构下幸福感差异也不大，但身体健康状况、社会经济水平不同的群体平均的心理状态存在显著差异，身体状况差、住房条件差、经济水平较差、教育程度低的受访者心理状况更糟糕。农业户籍的人口心理健康状况更好，但流动人口的更差一些。2015 年的调查结果同样如此，而且不同住房条件、经济状况的受访者心理健康状况的对比更为明显。住房及经济条件很差的受访者综合心理健康指数得分均值都在 22 分以上，2014 年对应取值分别只有 10 分和 16 分。此外，2015 年的大专及以上学历的受访者心理健康状况变差，平均得分达到 6.6 分，超过高中及中专毕业生，而 2014 年他们的平均得分只有 4.8 分，与高中毕业生一样。

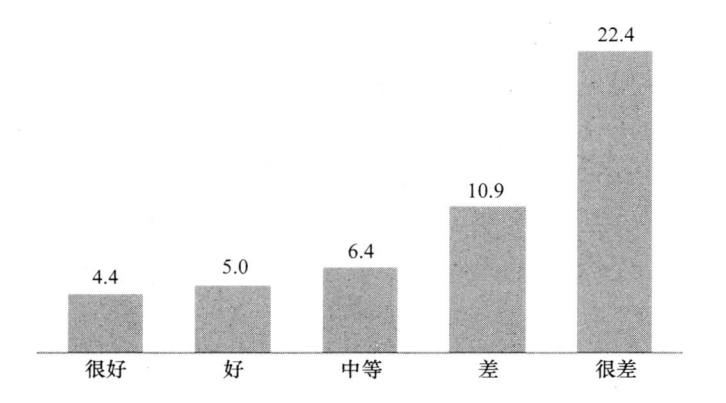

图 3－a 不同住房情况的群体心理状态得分

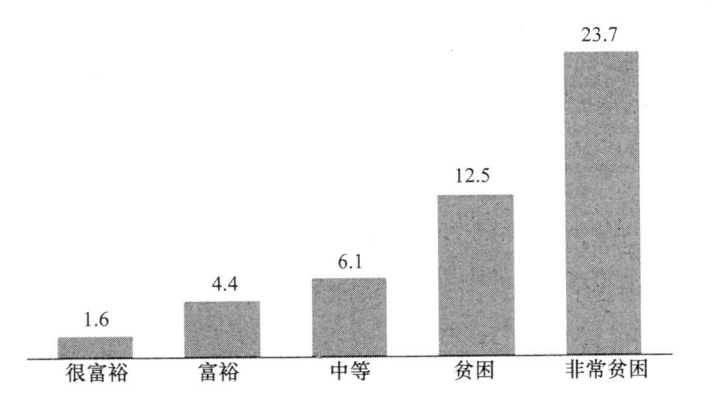

图 3 - b 不同经济状况的群体心理状态得分

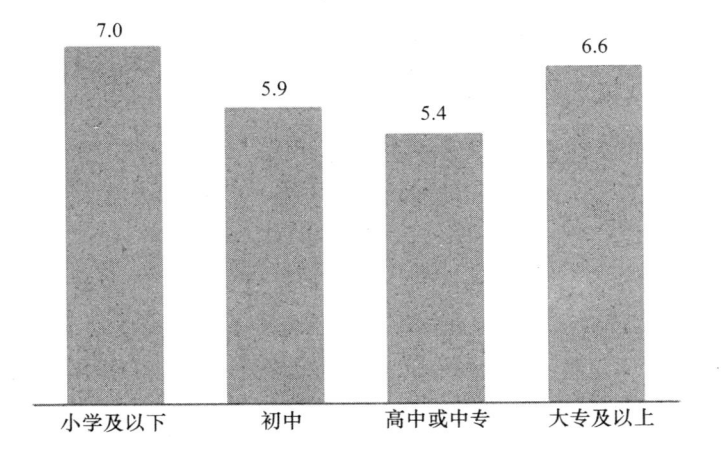

图 3 - c 不同教育水平的群体心理状态得分

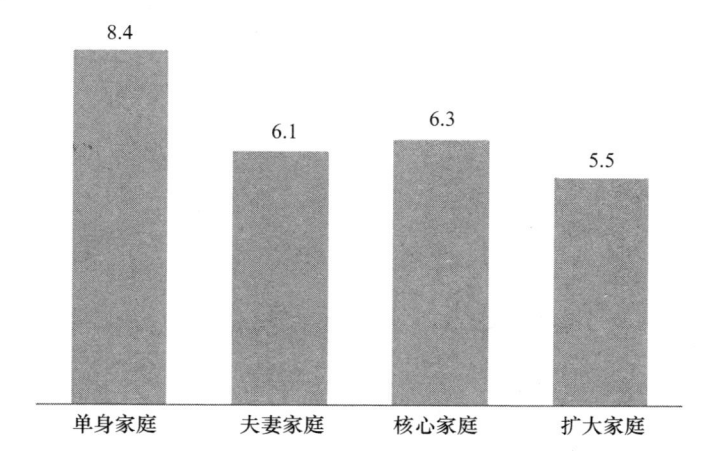

图3-d 不同家庭类型的群体心理状态得分

和2014年相比，单位负责人、办事人员、商业服务业人员的负面情绪都有较为明显的提高，但农民的心理健康状况甚至略有改善。

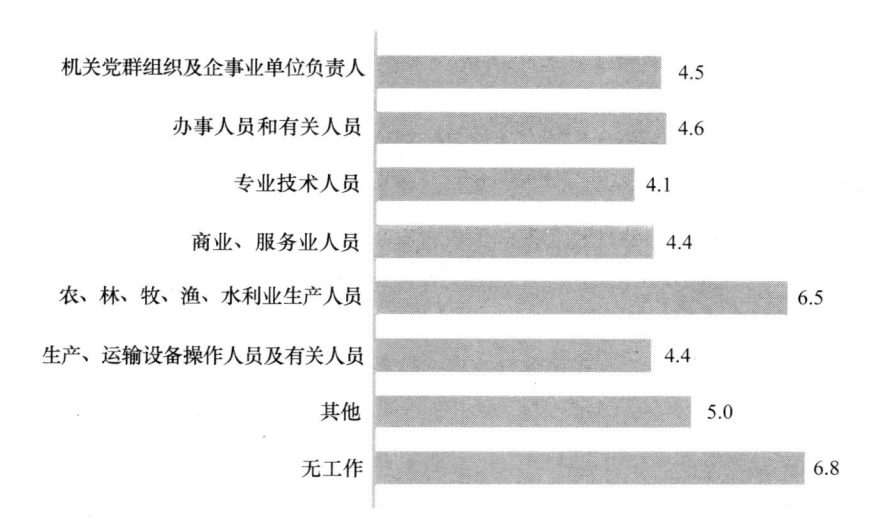

图4-a 2014年不同职业的心理状态得分

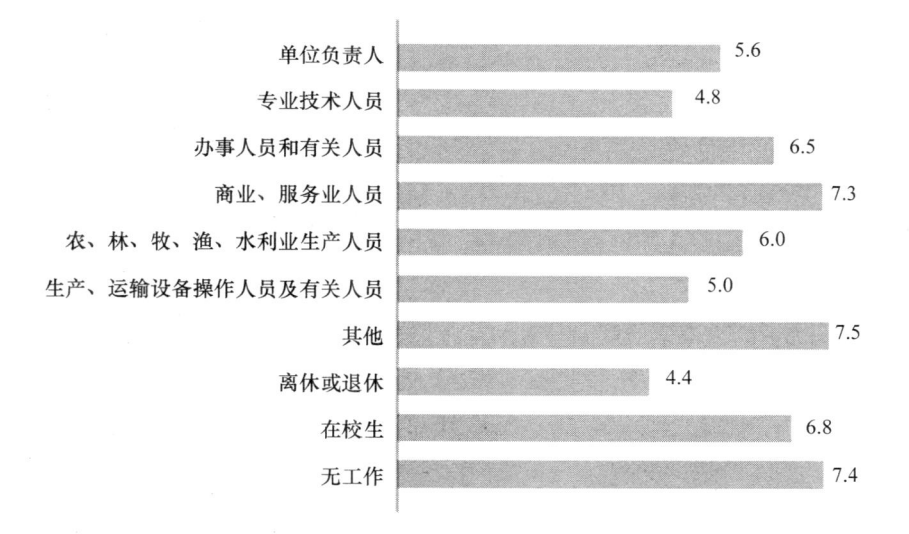

图 4 - b   2015 年不同职业的心理状态得分

生育状况与心理健康相关

在 2015 年的调查中，我们询问了受访者生育数量愿望和性别偏好，以及当前的生育数量和性别结构。由此构建出性别偏好和数量愿望满足情况。分析表明，没有性别偏好的受访者心理健康状况更大，综合指数得分最小；而只能生一个小孩时选择女孩的受访者心理综合指数得分最高。从性别偏好的来看，超过 90% 有配偶的受访者认为在理想情况下儿女双全是最好的，如果不考虑计划生育政策也有 86% 受访者计划儿女双全。但是，如果政策只允许生育一个孩子的话，男孩偏好会更加明显，约 29% 的受访者明确选择要男孩，只有约 9% 选择要女孩，剩余的 61.8% 表示男孩女孩都一样。如果当前生育情况既未满足儿子的数量愿望（少儿），又没有满足女儿的数量愿望（少女）的话，受访者的心理健康平均状况明显要差一些。这也反映在生育数量的满足情况中，生育政策未用足以及当前没有配偶的受访者心理健康综合得分指数更高，负面情绪更为严重。鉴于生育状况对心理健康和家庭幸福感的影响，在保证人口数量和人口结构均衡可持续的情况下，适当放开生育控制，保证人们的生育权利与自由，满足人们的生育愿望可以提高人们的心理健康水平和幸福感水平。因此，有47%的受访者认为政府放开全面二孩政策有利于提高自身家庭幸福感，甚至有14%的受访者主张全面放开生育控制。

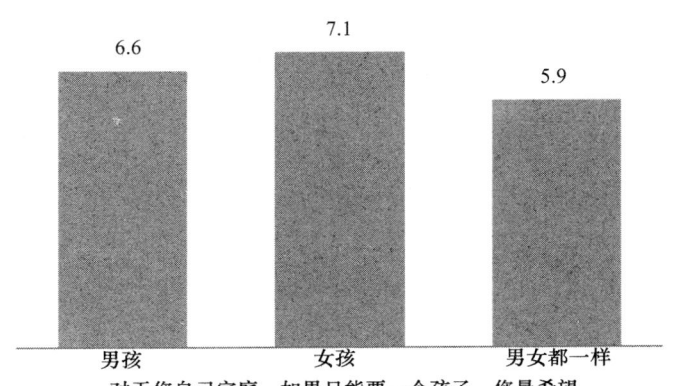

图 5 - a　性别偏好与心理状态得分

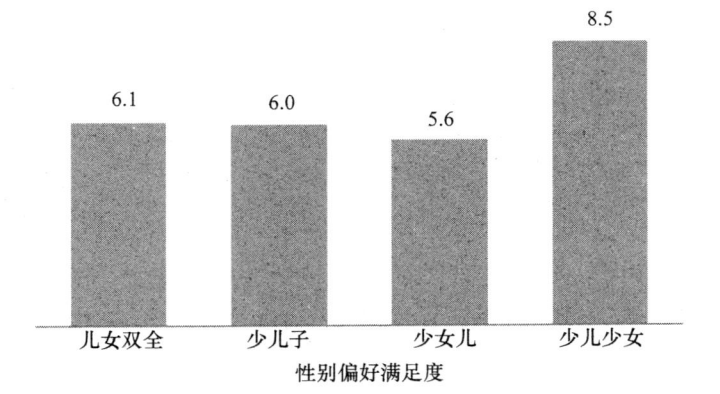

图 5 - b　性别偏好满足情况与心理状态得分

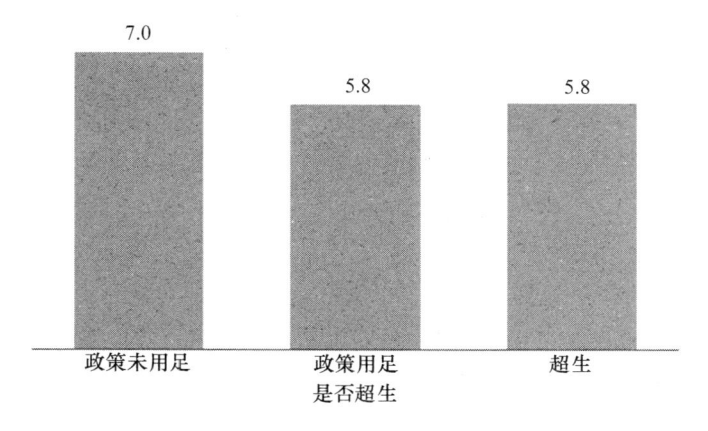

图 5 - c 是否超生与心理状态得分

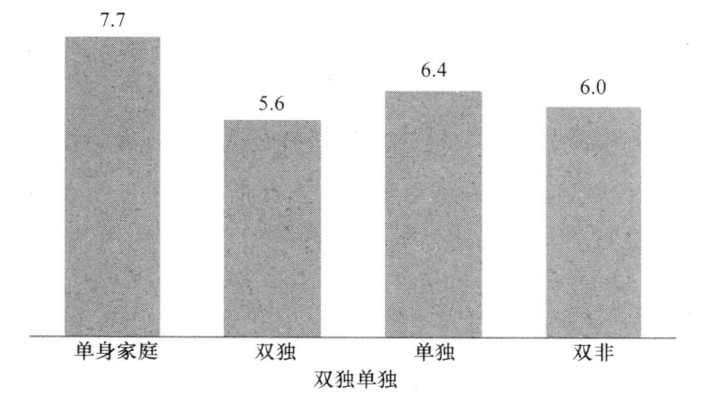

图 5 - d 夫妻双方是否独生与心理状态得分

食品安全会影响到心理状态

　　食品安全是环境安全的重要组成部分，牵动着国人的心。良好的食品安全状况可以降低人们的焦虑和不安全感，提高心理满意度和生活幸福感。超过 86% 的受访者认为食品安全与家庭幸福感相关。除此之外，食品安全状况还会通过影响心理状态而间接影响到幸福感。

数据分析表明，不太关注食品安全问题的人心理状态不好的比例相对较大，过于关注食品安全的也会影响到心理健康。对食品安全标准较低和较高的人负面情绪严重的比例都相对较高，前者可能已经失去了对于食品安全的信心，而后者过度紧张。遇到过不安全食品的人心理综合指数得分较高，负面情绪较为严重；对于当地的食品安全评价越低，负面情绪越严重。因此，从提高居民生活幸福度、改善心理状态的角度看，提高食品安全是值得努力的方向。

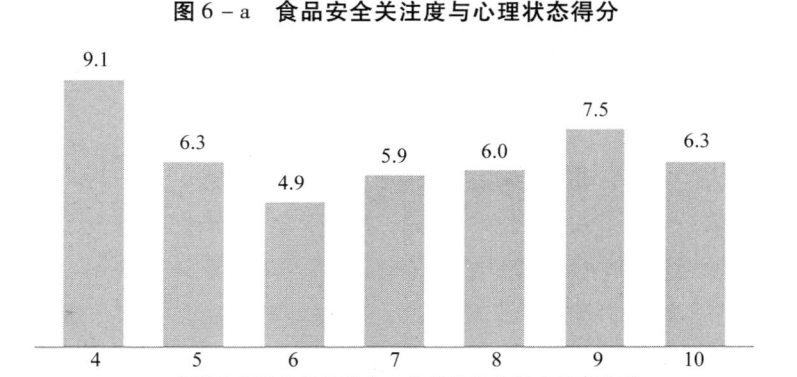

图 6 - a　食品安全关注度与心理状态得分

图 6 - b　食品安全主观标准与心理状态得分

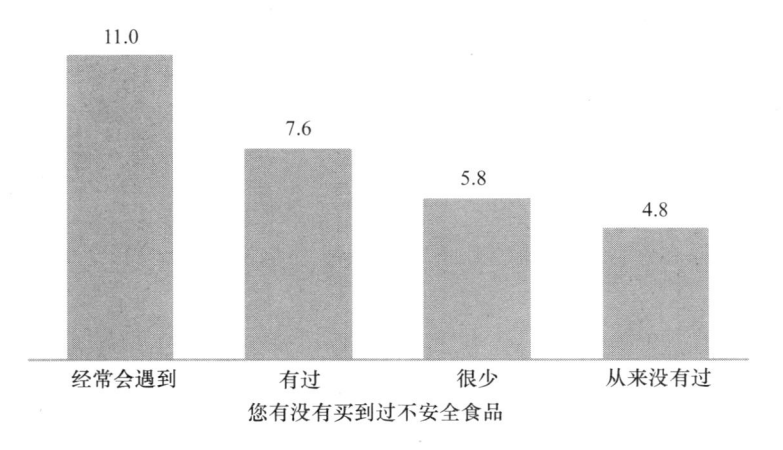

图 6 - c　不安全食品遭遇经历与心理状态得分

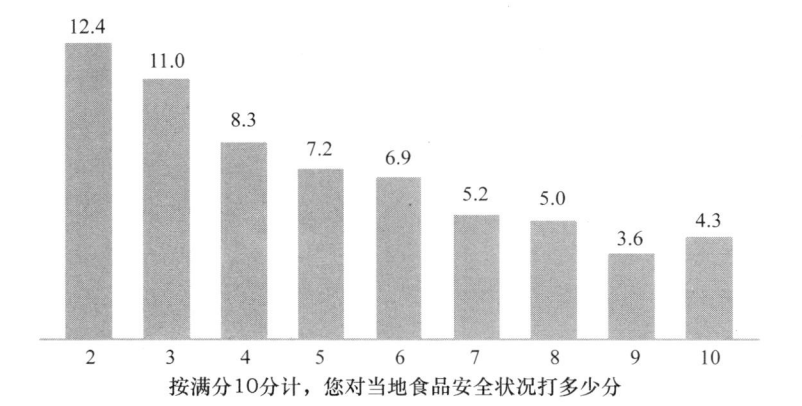

图 6 - d　食品安全评价与心理状态得分

环境污染会影响到心理状态

环境污染也是影响幸福感的重要因素，那么环境污染与人们的心理健康状况是否相关呢？本报告其他章节的研究和日常经验透露出，清洁的空气和良好的环境能够带来愉悦的心情，影响到幸福感。在这次的调查中我们询问了受访者周边的环境污染状况，在计算了不同环境感知情况下，心理健康综合指数的得分情况。可以看到，周边的工业垃圾污染越严重、水污染越严重、空气污染越严重、绿化水平越差，受访者的负面情绪状况就越严重。两者之间的关系非常一致和明显。

而且受访者越不满意政府在治理环境污染方面的努力，越是感觉自己容易暴露在环境危害中，负面情绪越严重。那些总是戴口罩

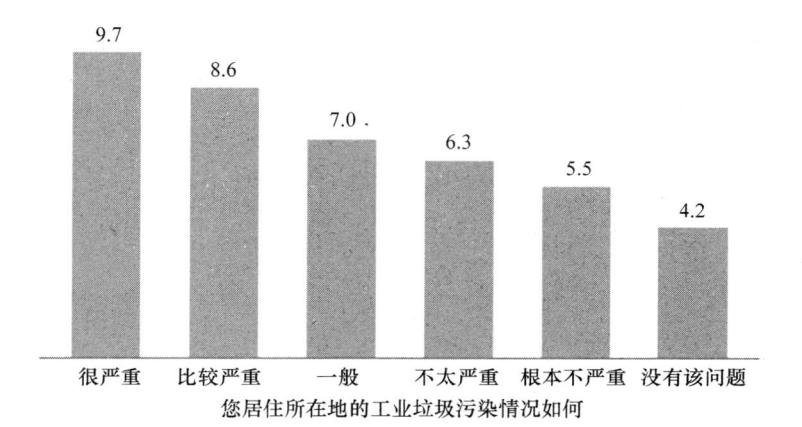

您居住所在地的工业垃圾污染情况如何

图 7 - a　工业垃圾污染评价与心理状态得分

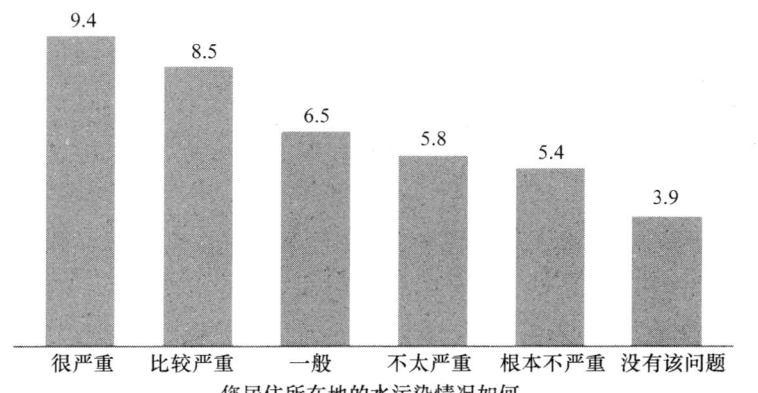

您居住所在地的水污染情况如何

图 7 - b　水污染与心理状态得分

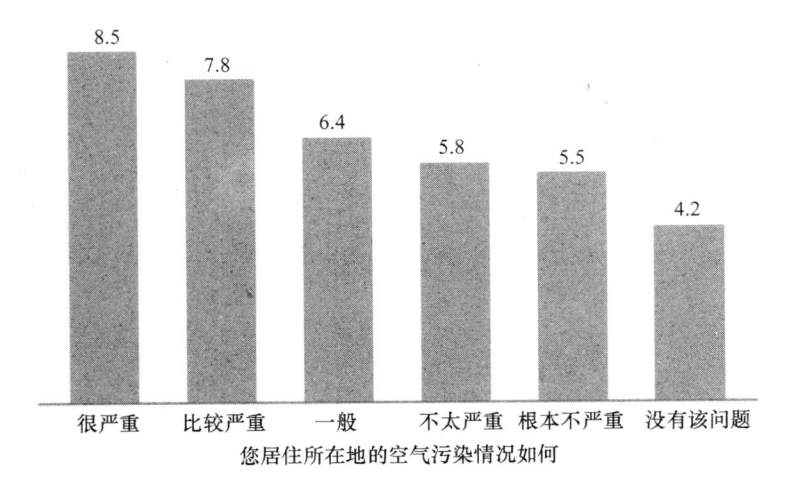

图 7 - c　空气污染评价与心理状态得分

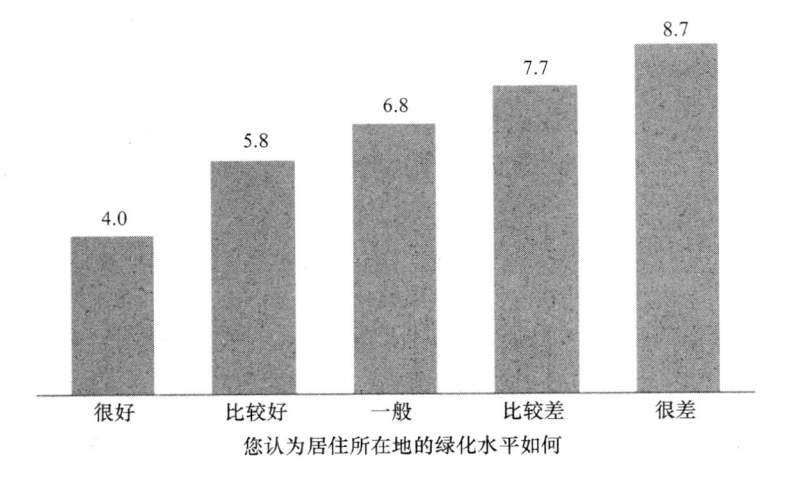

图 7 - d　地区绿化情况与心理状态得分

以减少空气污染对自身影响的受访者，较多从事环境保护相关活动的受访者有负面情绪的比例更高一些。总的来说，对周边环境评价越差，人们的负面情绪就越严重，对环境要求太低或者太高的受访者负面情绪状况明显高于其他人。对周边环境评价小于等于 4 分的受访者综合的心理健康指数平均分在 11 分左右，明显高于对环境评价较高的受访者。认为适宜生存在环境水平在 4 分及以下受访者可能已经对环境过度失望，从而陷入了悲观境地，负面情绪较严重，心理健康指数平均分在 11 分左右。

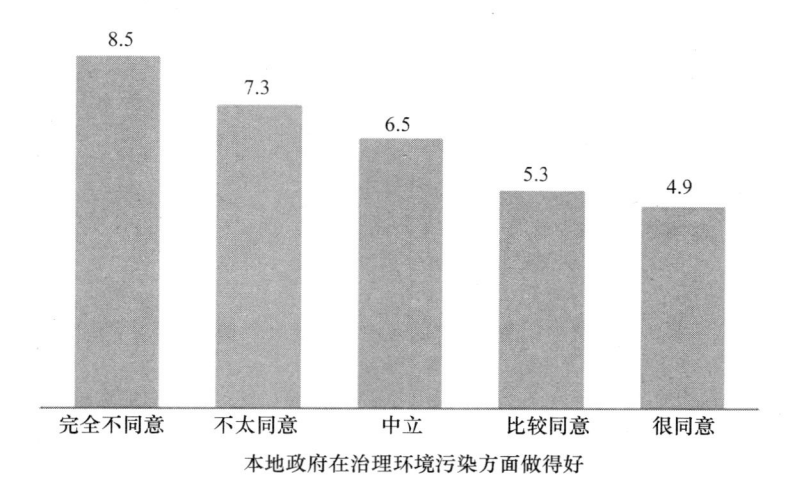

图 8 - a　污染治理评价与心理状态得分

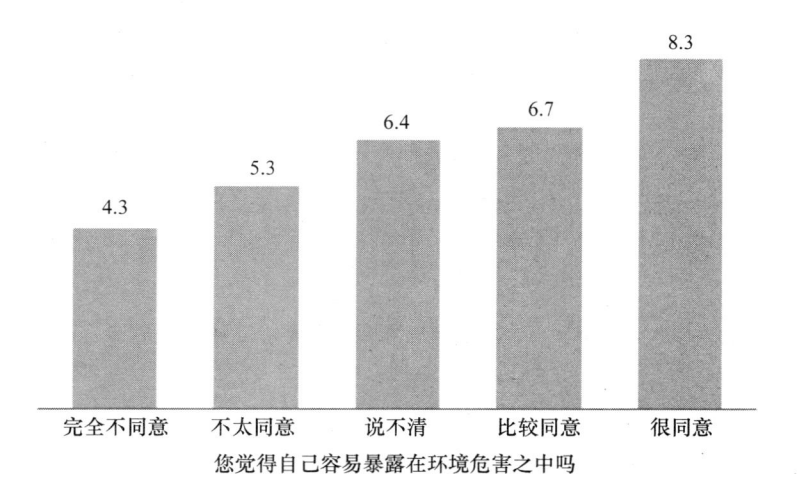

图 8 - b　主观环境危害与心理状态得分

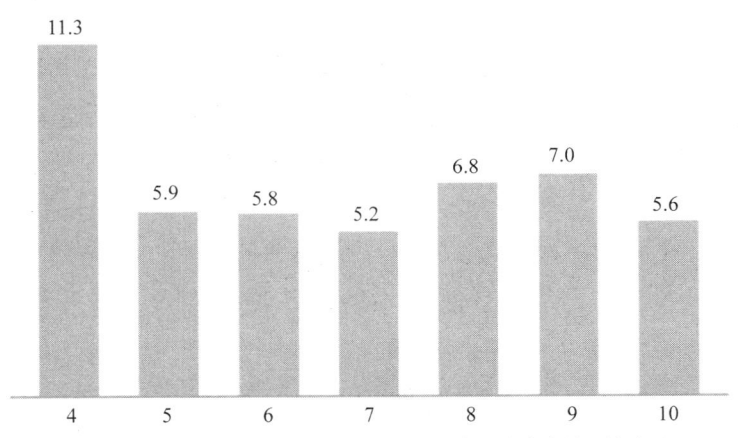

在上述环境评分中，您认为几分以上是适宜人类生存的环境水平

图 8 - c　环境评分标准与心理状态得分

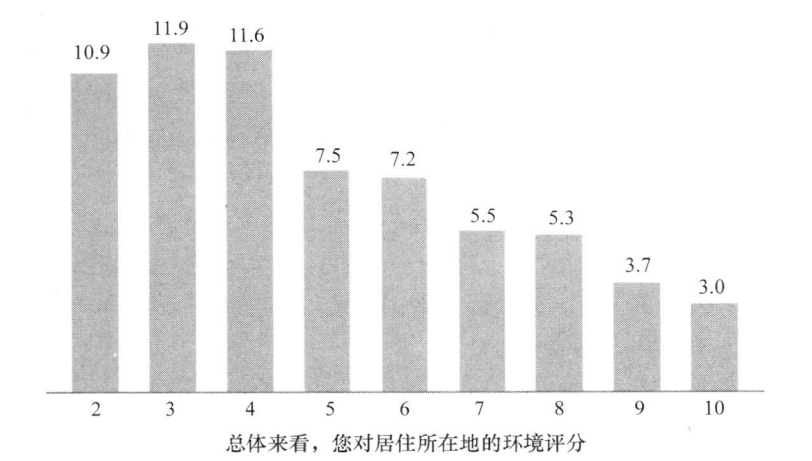

总体来看，您对居住所在地的环境评分

图 8 - d　环境评分与心理状态得分

小　结

家庭在国人生活中至关重要，家人健康是家庭幸福感的基础。

人们对于健康的强调比去年有了明显的提高。除了身体健康外，心理健康是健康的重要组成部分，与幸福感之间紧密相关。心理状态好的人不仅幸福感水平更高，感受幸福的方式也存在一定的差异，他们会更多地希望和家人在一起，也更相信国家和家庭在提升幸福感方面的作用。

而心理健康或情绪状态不仅与家庭的社会经济地位相关，更与家庭婚育情况、食品安全状况、环境污染紧密相关。处于婚姻中、生育愿望得到满足的受访者心理健康状况更好；周边食品相对安全、环境污染小的受访者心理健康状况更好；对食品安全、环境已经没有什么要求或者要求过高的受访者都更有可能存在负面情绪。为了提升个人和家庭幸福感水平，应该高度重视个体及家庭成员的健康状况，包括心理健康状况。而这有赖于良好的制度环境、食品安全环境和绿色清洁的自然环境。只有在这些基础环境方面持续改善，民众的福祉才能源远流长。因此，必须坚持"十三五"规划《建议》确立的创新、协调、绿色、开放、共享的发展理念，在全面建成小康社会的过程中真正提高民众的幸福感和满意度。

沉默与期待：食品安全与
家庭幸福感调查报告

广东医学院人文与管理学院副教授　傅崇辉

中国科学院广州能源研究所副研究员　王文军

中山大学本科学生　冯　瑶

　　国以民为本，民以食为天。食品安全关系着每个人的身体健康和生命安全，也是政府和群众最为关心的民生问题。2003 年安徽阜阳劣质奶粉导致"大头娃娃"事件引起了全国对食品安全的广泛关注。近年来国家有关部门频出重拳打击危害食品安全的违法行为，但百足之虫死而不僵，瘦肉精、地沟油、毒大米等违反食品安全法的事件仍时有发生，随着食品安全问题的不断曝光，一时间人人自危，港货、海淘成为人们的首选，旅行社甚至推出了以购物为主的旅行线路，国内居民疯狂抢购海外食品的规模之大一度造成香港本地居民生活必需品短缺，导致香港政府出台奶粉限购令，与此同时，国内奶粉生产商普遍出现产品积压和滞销，食品行业景气度下滑，对国民经济和就业造成负面影响。可见，食品安全已经成为影响民生幸福的热点问题之一。

　　中国人口宣传教育中心和中国社会科学院人口与劳动经济研究所共同举办的"中国家庭幸福感热点问题调查"活动持续关注家庭幸福和民生民情，2015 年将食品安全和环境污染作为影响家庭幸福感的主要影响因素纳入了热点问题调查表，了解调查食品安全对

173

人们幸福感的影响。调查发现，食品安全无性别差异、无婚姻状态差异地影响着人们的幸福感，特别是对"80后"一代人的影响更为显著。在对调查数据进行综合分析后，我们发现除了食品本身的问题，影响人们幸福感的要素包括：消费者作为个体缺乏鉴别问题食品的技术和手段，难以形成有效的自我保护导致安全感缺失；消费者维权意识不高间接纵容了不良商贩的不法行为，形成了食品安全上的"破窗效应"；社会价值体系信仰缺失导致消费者对国内食品安全性怀疑度增高；值得注意的是，在被问及国内食品安全性问题时，部分被调查对象报以沉默的态度，人们已经意识到国内食品存在安全方面的风险，但消费者苦无良好对策。2015年4月，十二届全国人大常委会第四次会议修订通过了《中华人民共和国食品安全法》，对食品安全国家标准、食品安全追溯制度、食品安全自查体系等提出了要求，带给人们新的期待。

食品安全，万众关注

食品是所有人每天都要接触的商品，食品安全也成为人们日常生活中非常关注的问题。

此次调查共访问5981名调查对象，调查内容包括食品安全相关问题12项，其中有关食品安全的有效问卷占99.8%。结果显示，超过80%的被调查者都对食品安全问题表示关注，其中"重视"食品安全的人数过半①，而完全不关注的比例只有3.0%。为什么有这么多人重视食品安全问题呢？第一，不安全感源自切身体会，在被调查者中有34.4%的人买到过不安全食品，加上调查对象鉴别能力有限未报告的部分，这个数字可能还更高。第二，来自新闻

---

① 本报告中，将对食品安全表示"关注"和"非常关注"的人群归类为"重视食品安全人群"。

媒体的问题食品报道使人们知道、了解和传播食品安全方面的信息。据调查，有74.7%的人是通过新闻媒体了解当地的食品安全状况，可见，新闻媒体在食品安全问题的揭露和防范上发挥了主要作用，是主要的食品安全信息传播途径之一。第三，现代信息传播速度加快、传播手段多样化，扩大了食品安全风险信息在人群内部的传播。调查发现，通过朋友圈知道食品安全问题的人占到54.3%，其次是通过"亲身体验"（44.4%）。从以上调查分析看，人们主要是通过非技术途径获得食品安全方面的信息，事实上，鉴别食品是否存在安全性问题需要具有专门的技术知识，这一方面提高了问题食品的识别、发现难度；另一方面也要求社会大众提高科学素养，对未经证实、难以佐证的负面新闻报以审慎客观的态度，以免轻易信谣传谣，引起不必要的恐慌。

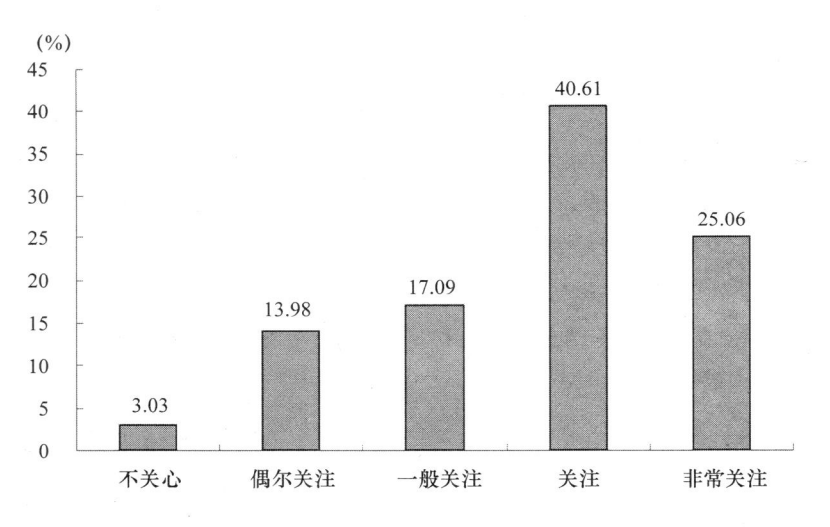

图1　调查对象食品安全关注程度

面对食品安全问题，消费者多选择无奈的沉默

调查发现，在人们遇到的食品安全问题中，发生最多的问题依次是："过了保质期""假冒伪劣产品""虚假或夸大宣传"，其中居首位的"保质期"问题的比例高达 42.2%；"没有达到国家标准""没有明确标明转基因、进口食品"和"外出用餐后感到身体不适"分列第四位到第六位，其比例在 13.4%—17.4%。可见，调查显示的食品安全问题主要集中在食品生产和销售企业的商业诚信和自律方面，且主要出现在销售环节，面对信息不对称的消费者，他们往往处于优势地位，构建更加健全的食品安全监管体系就显得尤其重要。

面对食品安全问题，人们是如何应对的呢？调查结果显示，56.8%的调查对象碰到食品安全问题时选择了"不了了之"："金额不大就算了"是调查者得到最多的回答。一般来说，食品类消费的金额都不会过大，尽管也有 26.7%的人会与商家协商解决，但如果协商无果，多数人也只能选择沉默。相对来说，通过寻求行政管理部门或消费者协会解决的比例偏低，而通过法律途径解决的比例更是少之又少。面对金额不大、没有造成可意识到的伤害的食品安全问题时，被调查者认为，诉诸行政或者法律手段程序烦琐、花费的时间和精力成本太高，最后还不一定能得到满意的处理结果，所以如果不能快速有效地解决问题，消费者宁愿选择放弃行使权利。所幸的是，即将施行的"新食品安全法"在社会共同治理食品安全问题方面，强化了消费者协会、行业协会、新闻媒体、群众投诉举报等方面的规定；在食品安全预防方面，强化食品生产经营过程和政府监管中的风险预防要求，希望能够改善食品消费者的被动局面。

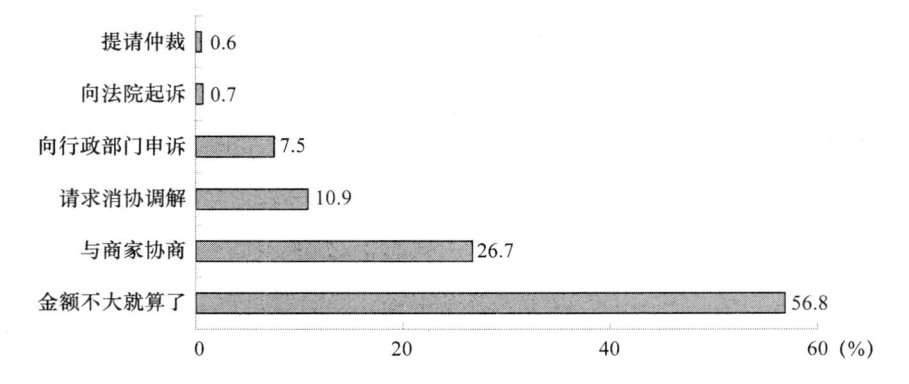

图 2　食品安全问题的解决途径

　　面对食品安全问题选择沉默，是不是他们没有意识到自己身处食品安全的风险之中呢？为了回答这个问题，我们设计了"食品安全状态的主观感受指标"，以便将消费者面对食品风险时的"食品安全问题无意识"和"食品安全有意识不处理"区别开来。计算结果显示，发现多数调查对象并非没有意识到食品安全风险，如图3中所示，尽管有为数众多的人认为本地的食品基本安全（0 值），但调查对象对本地食品安全的主观感受在"不安全"方向呈严重的偏态，不论是"不安全"人数还是"不安全"程度都出现了大量的堆积现象①。可见，人们面对食品安全问题并不是无意识，而是无能为力。

---

　　① 将"对当地食品安全状况打多少分"与"认为几分以上是安全的"相减，得到调查对象对本地食品安全状态的主观感受指标，其取值范围为 –10—10 分，数值越大表示越安全、数值越小表示越不安全，"0"代表安全的临界点（安全的最低程度）。

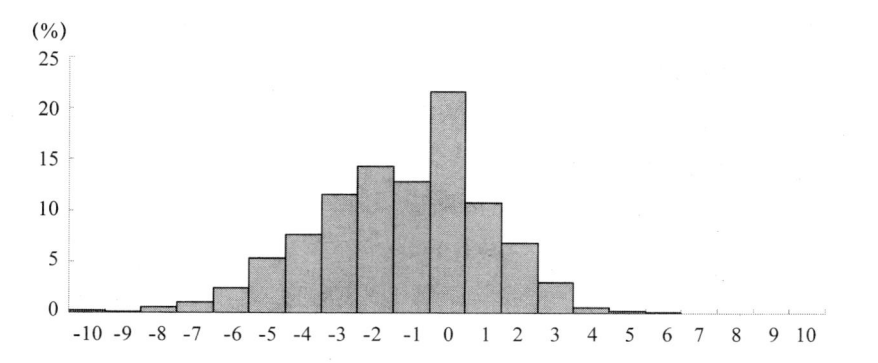

(%)

图3　调查对象对本地食品安全的认知程度

食品安全与幸福感的关系

食品是人类生存的基本物质需要，根据马斯洛的需求层次论，这种低层次的需求都无法得到满足时，其他更高层次的需求则显得不那么重要，幸福感更无从谈起。但是，食品安全问题对幸福感的影响具有隐性特征，它通过侵蚀人体的健康来危害我们的幸福感。由于部分食品安全问题（如转基因食品标注问题）只会带来健康风险，特定情况下才会转化为实际的不良后果，更何况即使出现不良后果，也是长期积累的结果，一般大众很难归因于具体的问题食品。历史上的食品问题更多的是食品短缺而非食品安全问题，随着食品安全知识的传播和认识的加深，曾经的安全食品（如动物脂肪、油炸食品）也被贴上了不健康食品的标签，而要回答食品安全是否与幸福感相关，还取决于大众对食品安全风险的感知程度，以及多大程度对幸福感造成影响，调查结果一定程度上有助于我们寻找答案。

即使我们的数据不支持判断调查对象是否受到过问题食品的实

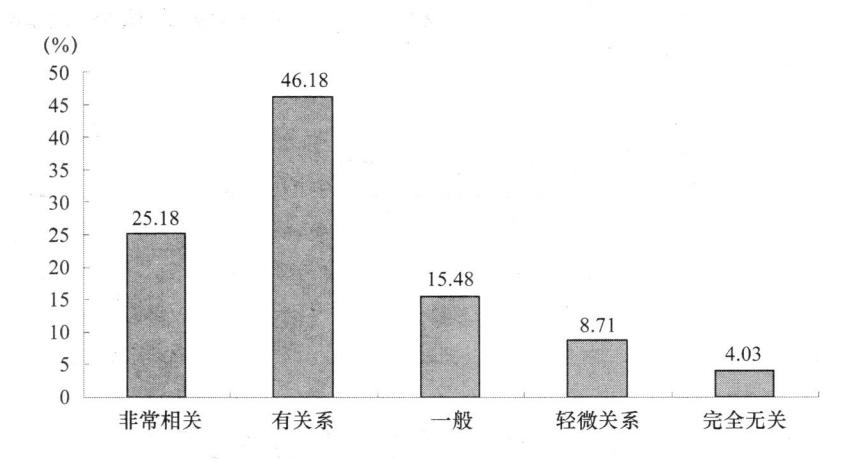

图4　食品安全与家庭幸福感的关系

际危害，但90%以上调查对象关注食品安全问题，以及34.4%的调查对象买到过不安全食品的事实，食品安全与家庭幸福感存在某种关联似乎是合乎逻辑的。调查数据也支持这种推断，70%以上的调查对象明确支持食品安全与家庭幸福感相关的观点，加上认为"一般"相关的人数，这一比例将超过86%，而认为"完全无关"的比例只有4.03%。

将本地食品安全状态的主观感受指标分别与个人幸福程度和家庭幸福程度指标[①]进行线性相关和回归分析，可以从一个侧面反映食品安全与幸福感的相关程度。结果显示，当地食品安全状态与幸福感呈正相关，食品安全状态越好，幸福感越强，回归分析也同样支持这种结论。但是，在相关程度方面，个人幸福感受食品安全状

---

① 同样将"您认为您的幸福程度能打几分"与"在对幸福评分中您认为几分以上是幸福的"相减，以及"您认为您的家庭幸福程度能打几分"与"在对幸福评分中您认为几分以上是幸福的"相减，得到调查对象个人幸福和家庭幸福程度的指标，其取值范围为 -10—10 分，数值越大表示越幸福、数值越小表示越不幸福，"0 分"代表幸福的临界点。

态影响的程度要大于家庭幸福感,家庭的安全功能在这方面得到体现。

表1　　　　　当地食品安全状态与幸福感的关系

	家庭幸福感	个人幸福感
相关系数（r）	0.433	0.813
回归系数（B）	0.360	0.784
显著性水平（Sig.）	0	0

食品安全与家庭幸福感：经历决定感受

绝大多数人（86%以上）认为食品安全与家庭幸福感相关,而56.46%的调查对象认为本地的食品安全形势不容乐观,但表示受到食品安全影响的比例只有17.69%,食品安全对家庭幸福感的影响还应该还受到某种中介机制的作用。

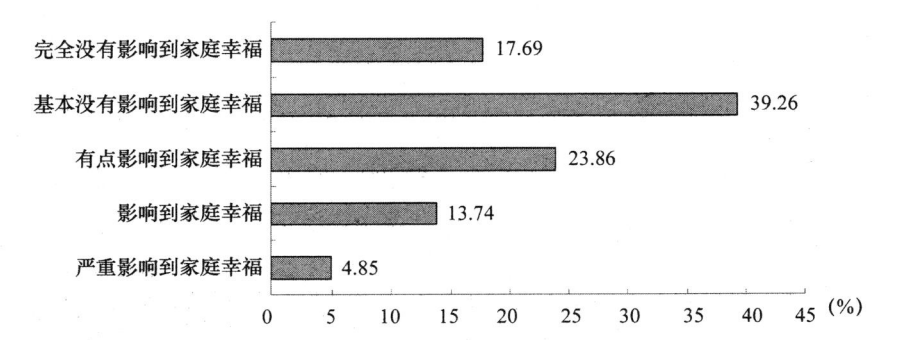

图5　食品安全状态对家庭幸福感的影响

调查发现,人们的食品安全经历可能是影响食品安全感受和家庭幸福感的关键要素之一,为证明这一假设,将食品安全感受传导到家庭幸福感变化的简单列联表分析。结果显示,"有没有买到过不安全食品"与"食品安全对家庭幸福影响程度"之间存在显著的相关，昭示了不同食品安全经历的人对食品安全影响家庭幸福感程度的感受是不同的，即使他们具有相同或相似的食品安全与家庭幸福感相关性的认知。从具体的案例分布可以看出，经常买到不安全食品的人更趋向于选择"有影响"，而从来没有、很少或有过买到不安全食品经历的人则趋向于选择"不确定"，甚至从来没有买过不安全食品的群体也并不是选择"没有影响"最多。可见，有食品安全的负面经历的消费者会对食品安全有较高的风险意识，继而认为食品安全会对家庭幸福感造成负面影响，而没有或较少有食品安全负面经历的人也没有完全置身事外，至少多数人还处于"不确定"的摇摆状态。

表2　　　　　　　　食品安全经历与幸福感影响程度的关系

		食品安全对家庭幸福影响程度 a			合计
		有影响	不确定	没有影响	
有没有买到过不安全食品	经常会遇到	110	54	29	193
	有过	479	1227	150	1856
	很少	288	1453	274	2015
	从来没有过	217	996	596	1809

注：$X^2 = 702.30$，$p = 0.0000$；a. 对该问项进行重新编码，将"严重影响家庭幸福、影响到家庭幸福"合并为"有影响"，"有点影响到家庭幸福、基本没有影响到家庭幸福"合并为"不确定"，"完全没有影响到家庭幸福"为"没有影响"。

食品安全问题既是公共安全问题，也是个人安全问题，从公共安全的角度看，食品安全问题的频发容易引起社会信心的动摇，对公众的幸福感显然会起到负面作用。但是，从个人安全的角度看，个人的食品安全伤害经历很容易对家庭幸福感产生负面影响。

什么人的幸福感最容易受到食品安全的影响

食品安全对幸福感的影响直接来源于食品消费经历，而不同社会经济背景的人的食品消费习惯、条件也不同，可能具有不同的食品安全经历体验，因此在食品安全影响幸福感方面表现为多因素的特征。

食品安全无性别差异、无婚姻状态差异地影响着人们的幸福感。列联表分析结果显示①，性别和婚姻状态与是否食品安全问题影响到家庭幸福感没有显著性关系。也就是说，当人们面对食品安全问题时，不分男女、是否结婚都会对家庭幸福感产生相似的影响。

食品安全影响家庭幸福感的年龄差异："80后"为主力。通过适当的数据处理②，列联表分析结果显示，年龄与是否食品安全问题影响到家庭幸福有显著性关系。从表3中可以看出，"80后"是食品安全影响家庭幸福的敏感人群，这可能与他们组建新的家庭时间不久、孩子年幼等因素有关。"90后"是持"不确定"态度的主力人群，而"50后"是持"没有影响"态度的主要人群，这与他们的人生经历和知识文化水平相关，相对而言，"50后"人群大多经历过食品短缺的年代，加上知识文化的总体水平低于其他年龄段人群，对当前的食品安全状态更容易满足。

---

① 性别：$X^2 = 4.468$，$p = 0.107$；婚姻状态：$X^2 = .764$，$p = 0.253$。

② 将年龄以10岁为单位分组，并删除数量较小的1950年以前出生的调查对象，以消除这类人群样本量过小对统计分析产生的影响。最终有效样本量为5340份。

表3 年龄与是否食品安全问题影响到家庭幸福的分布 （单位:%）

是否食品安全问题影响到家庭幸福	年龄段				
	"50后"	"60后"	"70后"	"80后"	"90后"
有影响	17.27	18.24	18.27	22.14	19.80
不确定	58.69	64.63	64.50	64.63	65.35
没有影响	24.04	17.13	17.23	13.23	14.85
合计	100	100	100	100	100

注：$X^2 = 51.218$，$p = 0.000$。

　　城市人口的家庭幸福感更容易受到食品安全的影响。列联表分析结果显示①，户口性质与是否食品安全问题影响到家庭幸福感有显著性关系。进一步的案例分布分析可以发现，"非农业户口"人群选择"过去一年，食品安全状态对家庭幸福感有影响"的可能性更大，城市人口更易受到食品安全对家庭幸福感的负面影响。城市是食品安全问题的高发地，所受到的社会关注度也更高。

　　受教育水平越高越容易受到食品安全对家庭幸福感的影响。受教育水平高的人群具有较强的食品安全意识和较丰富的食品安全知识，且相对来说社会经济地位也较高，当他们的基本生活需要得到满足以后，转向追求更高层次的需要，食品安全之类的需要也就体现了他们的现实需要。分析结果也正好印证了这种现象：大专及以上受教育程度的人群表示食品安全对家庭幸福感有影响的比例为20.93%，在所有受教育程度中比例最高；正好相反，小学及以下受教育程度的人群表示食品安全对家庭幸福感没有影响的比例为23.64%，在所有受教育程度中也是比例最高。也就是说，受教育水平低的人群更容易忽略食品安全对家庭幸福

①　$X^2 = 24.726$，$p = 0.000$。

感的影响，而受教育水平高的人群则对食品安全的家庭幸福感影响更为敏感。

表4   受教育程度与是否食品安全问题影响到家庭幸福的分布

（单位:%）

食品安全对家庭幸福的影响	受教育程度			
	小学及以下	初中	高中及中专	大专及以上
有影响	16.11	19.31	18.82	20.93
不确定	60.25	61.60	66.75	68.45
没有影响	23.64	19.09	14.43	10.62
合计	100	100	100	100

注:$X^2 = 80.403$，$p = 0.000$。

食品安全对家庭幸福感的影响与消费水平关系不大。食品支出占家庭消费支出比重也叫恩格尔系数，恩格尔系数在50%—59%之间表示达到温饱水平，30%以上则为富裕水平，恩格尔系数也可以作为衡量家庭经济水平的指标。一般认为经济条件好的家庭本来应该更有能力购买安全的食品，从而减少食品安全对家庭幸福感的负面影响。但分析结果却没有证实这种推测，与之相反，经济条件好的家庭更容易感受到食品安全对家庭幸福感的负面影响，通过进一步的分析也发现，食品支出占家庭消费支出比重20%以下的家庭购买到不安全食品的比例，与食品支出占家庭消费支出比重50%以上的家庭购买到不安全食品的比例不相上下。这也许与我国不容乐观的食品安全大环境相关。

表5   食品消费能力与是否食品安全问题影响到家庭幸福的分布

（单位：%）

食品安全对家庭幸福的影响	食品支出占家庭消费支出比例				
	50%以上	41%—50%	31%—40%	21%—30%	20%及以下
有影响	20.92	17.69	17.85	17.71	22.38
不确定	59.98	62.99	65.81	64.65	60.78
没有影响	19.10	19.33	16.34	17.64	16.84
合计	100	100	100	100	100

注：$X^2 = 18.211$，$p = 0.020$。

结　语

本次调查新增的食品安全内容为我们分析食品安全与家庭幸福感的关系提供了可能。我国进入了食品安全事件的多发期，这与当前的社会经济阶段有关，食品安全问题受到社会的广泛关注而成为社会热点问题。

超过1/3的调查对象有买到不安全食品的经历，食品安全问题表面上看是不良生产经营者的诚信缺失、违法行为所致，但深层次原因是中国食品生产和流通方式的转变不适应社会经济环境的转变。

食品安全正在威胁人们的家庭幸福感，由于缺乏高效快捷的问题处理方式，大部分消费者在面对食品安全问题时沉默应对。从提高全社会家庭幸福程度的角度考虑，个人抵御食品安全风险的能力有限，健全食品安全体系，提高整个社会的食品安全水平，才是预防食品安全问题侵害家庭幸福感的治本之策。因此，改善食品安全的社会环境，遏制问题食品的利益驱动，完善食品检测监督机制和技术条件，健全食品安全案件的追踪惩罚机制，强化食品安全监管，都会对家庭幸福感起到促进作用。

　　新闻媒体是公众获得食品安全信息的主要渠道，媒体在曝光食品安全问题时，应尽量杜绝没有科学依据的报道，主动与专业机构合作传播食品安全信息，利用科学化解公众的食品安全疑虑，填补公众与科学真相之间食品安全信息真空。朋友圈等非正式渠道也是食品安全信息传播的重要渠道，政府部门应该加强食品安全与风险的宣传教育力度，向社会大众传播科学的食品安全信息，防止没有科学依据的食品安全信息向社会扩散。

　　我们相信，随着新的食品安全法颁布实施，我国的食品安全环境将不断得到改善，这既是整个社会家庭幸福感提升的助推器，也是社会发展的必然选择。

环境感知折射我国居民
家庭幸福感的变化

北京大学社会学系教授　陆杰华
北京大学社会学系硕士研究生　孙晓琳

一　引言

自改革开放以来，我国工业化、城镇化和现代化进程的推进确保了国民经济的可持续增加，快速的经济增长也使得居民的生活水平得到巨大提高，居民家庭幸福感也随之快速提升。不过，经济的增长、收入的提高并不是提高居民家庭幸福感的万能钥匙。收入对幸福感的促进作用主要体现在人们基本生活需要得到满足之前，当居民收入达到一定水平后，幸福感往往不再随收入的增长而提升，而是更多地受到其他因素的影响，如公共服务、福利体制、生态环境、社会参与等。马斯洛认为，人类的需求分为生理需求、安全需求、社交需求、尊重需求和自我实现需求五种，它们像阶梯一样从低到高按层次排列，当较低需求得到满足之后，人类会追求更高层次的需求。因此，当经济的增长满足了人们的基本需要时，人们将进一步追求安全需求。

我们必须清楚认识到，在经济持续增长、产生巨大财富的同时，高能耗、高污染、高风险的粗放型增长方式也付出了惨重的环境代价。作为人类生存的空间场所，人类对自然环境有着天生的安全依赖和情感依赖。而生存环境受到的巨大破坏，使每个人都在一定程度上承受着环境污染引发的伤痛。当雾霾笼罩、空气污染严重时，学校不得不停止学生的户外活动，马拉松参赛者不得不戴上第一次世界大战风格的防毒面具上阵参赛，很多运动爱好者不得不陷入"锻炼伤肺，不锻炼伤身"的苦恼中，网民纷纷在网络上无奈调侃"深切体会了什么是会呼吸的痛"，各种雾霾体段子在网上扩散；当海口空气质量排名全国第一时，网友纷纷羡慕"海口朋友连呼吸都是幸福的"，当地旅游业更是应景推出"要想身体好，常来海南岛"的广告；当居民苦于为营造"人造蓝"而生活受限时，却也在朋友圈中为"APEC蓝""阅兵蓝"而欢呼雀跃，感慨"被蓝天刷屏也是一种幸福"。

在种种调侃、羡慕、为蓝天狂欢的背后，隐含的是公众对环境质量的焦虑，这将极大地影响公众幸福感。因此，环境质量成为了衡量我国居民家庭幸福感的重要标尺之一。而家庭幸福感作为反映民生问题的一个主要指标，也是考察政府执政能力的一个重要维度。基于此也高于此，政府在党的十八大报告中首次提出"努力建设美丽中国，实现中华民族永续发展"，从战略发展的高度为增强家庭幸福感保驾护航。在这种背景下，探究环境感知对我国居民家庭幸福感的影响具有重要意义。

二 你的幸福来敲门了吗?

本次对于居民家庭幸福感的调查在安徽、北京、河南、宁夏、山西、浙江、重庆7个省市实施，最后进入分析的个案累计5981

个。和以往相比，本次调查新增了居民对环境污染感知的信息，包括居民对环境的评分、对环境污染的态度、对环境污染的行为等。在家庭幸福感的测量上，被访者首先对自身家庭幸福感在0—10分之间进行打分，随后界定"属于幸福的分数"。我们据此将家庭幸福感得分进行等比例标准化，从而在不同群体间进行比较，本书分析中涉及的幸福感得分均指"标准化的幸福感得分"。

在分析时，我们按照［0—2），［2—4），［4—6），［6—8），［8—10）的标准将被调查者的幸福感打分分为5个层次。分析结果显示，48.15%的被调查者家庭幸福感得分在［6，8）之内，他们认为自己的家庭比较幸福，另有25.72%的被调查者家庭幸福感得分在［8—10）之内，他们认为自己的家庭幸福感程度很高，而得分在6分以下的被调查者占总体的26.12%。总体来看，被调查者的家庭幸福感均值为6.6分，这说明，整体上来说，我国居民家庭幸福感相对较高。

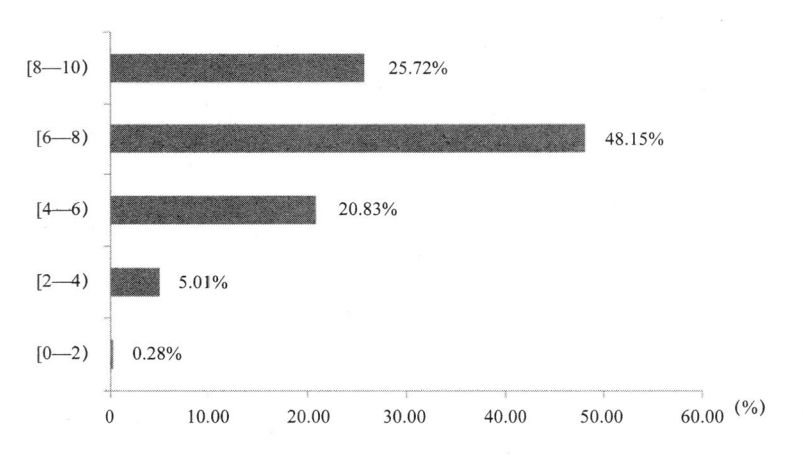

图1 被调查者家庭幸福感得分分布情况

三 雾霾让你失去幸福了吗?

洁净的空气是人类共同的追求,国外已有的多项有关空气污染的研究均表明,空气污染会显著降低居民幸福感。环境经济学者研究发现,空气污染通过刺激居民的感官,将对居民的健康造成危害。已有证据表明,空气污染会加重心脑血管和呼吸系统的疾病,大量的流行病学研究已证实从空气中吸入的细颗粒物污染与居民死亡率和发病率之间的正相关关系[①]。空气污染对健康的影响主要表现在身体健康与心理健康上。一方面,空气污染在很大程度上确实影响了居民的身体健康,它使人体免疫力下降,对病原生物的敏感性增加,从而提高各类疾病的发生率[②]。另一方面长期暴露在较差的空气环境中,即使公众并没有实际生病,但人们对患病的担心和焦虑会有所增加,这种负面情绪将使得公众承受较大的心理压力[③],从而影响人们的心理健康。而健康是影响幸福感的重要因素,身体是本钱,越健康的人越容易收获幸福。在本次调查中,健康被视为影响家庭幸福感的首要因素,占比高达 41.88%。因此,当空气污染损害了居民所珍视的健康时,也就显著地影响了其家庭幸福感。

除了健康外,空气污染还会破坏公众的生活环境,从而影响人们的日常生活。如较低的空气能见度使得户外运动受阻,同时可能造成交通堵塞或交通事故,严重的雾霾天气甚至迫使飞机航班取消、高速路限行,这都扰乱人们的正常生活秩序,从而给生活带来

---

① http://news.eastday.com/eastday/13news/auto/news/china/u7ai 337297 _ K4.html.

② 黄永明、何凌云:《城市化、环境污染与居民主观幸福感——来自中国的经验证据》,《中国软科学》2013 年第 12 期。

③ 杨继东、章逸然:《空气污染的定价:基于幸福感数据的分析》,《世界经济》2014 年第 12 期。

极大不便，这无疑会降低居民的家庭幸福感。

从图 3 中可以看出，在本次调查中，空气污染对家庭幸福感的

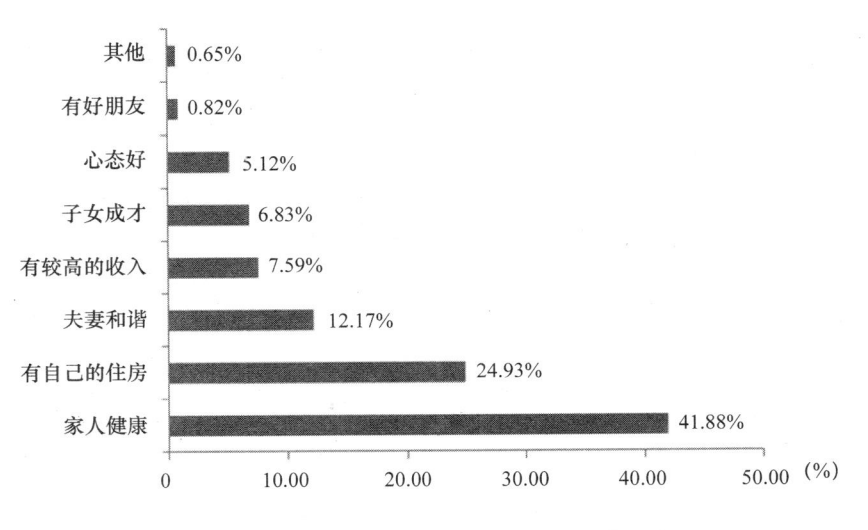

图 2　被调查者认为家庭幸福的首要因素分布

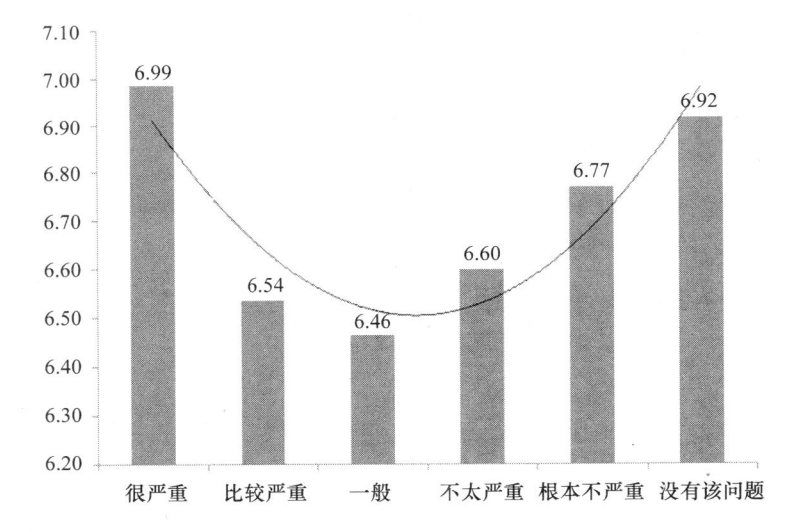

图 3　居住地空气污染程度与家庭幸福感

影响并不是呈现出简单的负相关关系，即随着空气污染程度的降低，居民家庭幸福感直线上升。相反，空气污染与幸福感的关系呈现出一种 U 形曲线：在空气污染"很严重""严重"及"一般"阶段，幸福感随着空气的好转反而下降，而在"一般""不太严重""根本不严重""没有该问题"阶段，幸福感随着空气的好转而显著提高。后者验证了国外的已有假设，而前者却与此完全相反，但这并不表示推翻了已有假设。这主要是因为空气污染越严重的地方，往往是高能耗的粗放型增长方式肆意膨胀的区域，这也就常常伴随着该区域经济的快速增长，而经济的增长会极大地提高居民的幸福感。虽然空气污染会直接降低居民的家庭幸福感，但是通过经济增长的传导方式又在另一方面提高居民的家庭幸福感。在某些地方，居民往往受经济增长的主要影响，而并没有特别注重环境污染带来的恶劣影响。因此，其家庭幸福感并没有随着空气污染的恶化而降低，相反会出现某种程度的升高。从本次调查来看，空气污染对居民家庭幸福感的影响呈现出阶段性变化。

与空气污染不同，水污染及工业垃圾污染对居民家庭幸福感的影响并未呈现出 U 形曲线，从图 4 中和图 5 中来看，总体来说，幸福感随水污染情况的好转呈波动性增长，随工业垃圾污染情况的好转呈逐步增长的趋势，虽有个别污染严重但幸福感仍较高的情况，但这可能同样是经济增长带来的效果。

除了人们生存所必需的空气环境、水环境等之外，最能体现生活环境质量的就是生活区域的绿化水平了。绿化不仅是一种点缀，更是舒适愉快、工作效率等不可或缺的空间组成部分。从图 6 中来看，居民家庭幸福感随着绿化水平的提高而提高，这说明绿化水平对居民家庭幸福感有巨大的促进作用。

综合了空气环境、水环境、工业环境及绿化水平等因素后，被

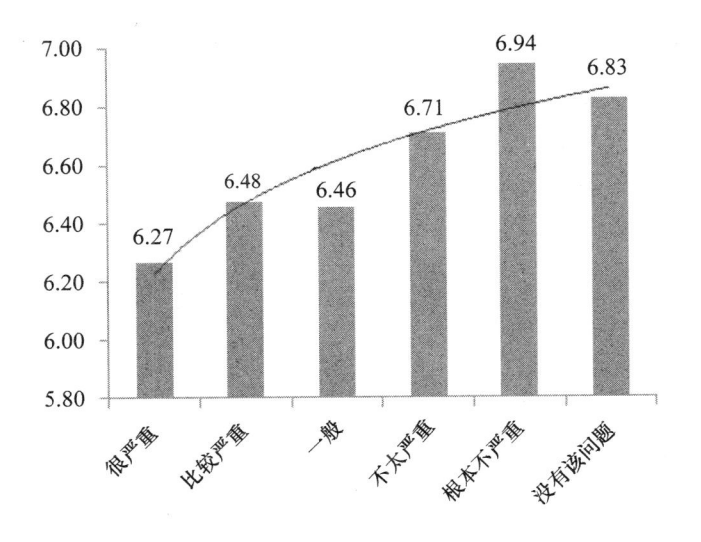

图 4　不同水污染程度调查者的家庭幸福感

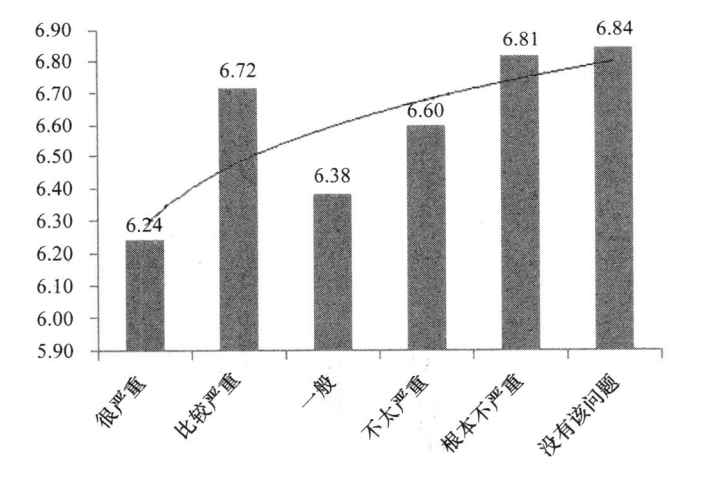

图 5　不同工业垃圾污染程度调查者的家庭幸福感

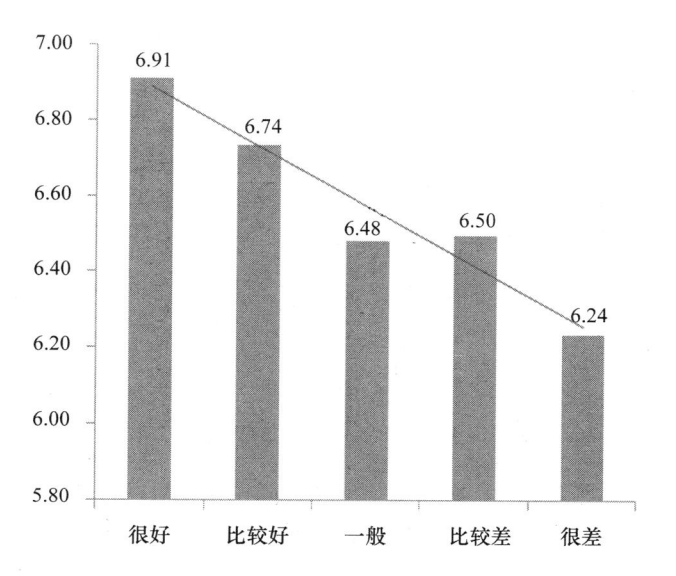

图6 不同绿化水平调查者的家庭幸福感

调查者对生活所在地的总体环境进行了评分，我们将其分为5个层次。图7中显示了被调查者的总体环境评分与家庭幸福感的关系。从图7中可知，居民幸福感随总体环境评分的提高而增长，因此，环境的改善有利于居民家庭幸福感的提升。

四 环境污染容忍度与家庭幸福感："有容乃大"

经济发展和环境保护都是公众所期待的，但在目前的发展阶段上，两者往往难以兼顾。一方面，经济发展增进了人类福祉；另一方面，伴随着经济发展而产生的环境污染却降低了居民幸福感。在这种困局下，不仅政府面临着两难选择，公众也面临着同样的纠结，那么公众更倾向于发展经济还是保护环境呢？

图8中显示了被调查者对"企业为了环保而适当提高产品的价格，您会用行动支持购买其产品吗？"的态度分布。从图中可知，

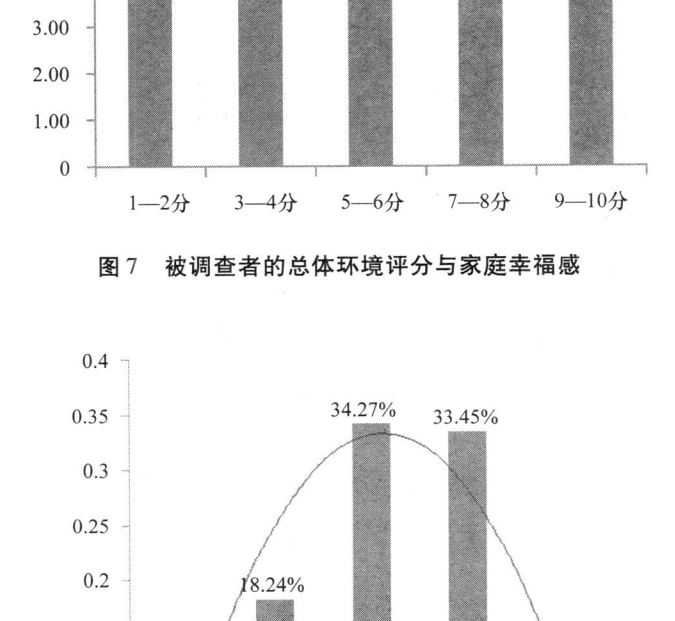

图7 被调查者的总体环境评分与家庭幸福感

图8 您会支持购买企业为环保而适当提价的产品吗？

公众总体态度呈现倒 U 形曲线，选择"中立"和"比较支持"的人居多，被调查者整体态度偏向支持。虽然被调查者愿意用行动支持环保产品，但当问到"您自己或您的家人愿意因为环境问题而移民（包括国内移民和国际移民）吗?"时，从图 9 中被调查者的态度分布可知，被调查者的总体态度同样呈现倒 U 形曲线，但选择"不太愿意"的人最多，其次是"中立"态度，被调查者整体态度偏向不愿意。由此可见，虽然被调查者愿意在购买环保产品上牺牲个人的经济利益，但是在移民这样的大事上，由于受到安土重迁观念及现实条件的影响，多数被访者并不愿意为环境而移民。

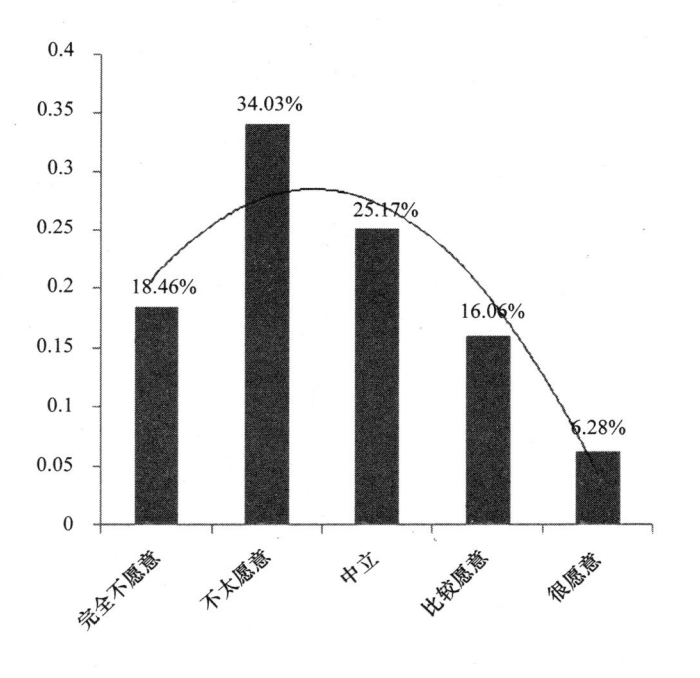

图9 您及家人愿意因为环境问题而移民吗?

除了对个人移民、企业环保产品的购买意愿进行了调查外，我们还假设了被调查者所生活的地区正面临着发展经济与保护环境的两难困境，来了解被调查者希望政府如何抉择。图 10 中显示了被调查者对此的态度分布。我们从图 10 中可看出，70.89% 的被调查者支持政府优先保护环境，占绝对优势，有 16.80% 的人表示"说不清"，仅有 12.31% 的人选择"优先发展经济"。由此可见，被调查者具有较高的环保意识，他们并不希望当地政府以牺牲环境为代价来发展经济。这也从一个侧面说明，尽管经济增长是增进我国居民幸福感的重要来源，但居民对洁净的环境的需求也十分强烈。

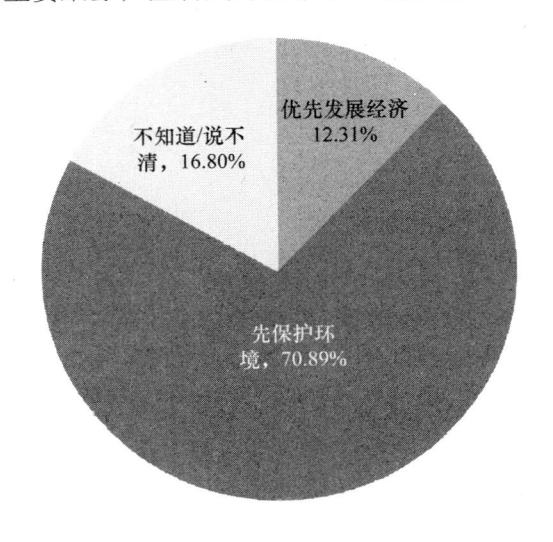

图 10　在两难情况下，您希望当地政府
优先发展经济还是优先保护环境？

我们进一步将"您会支持购买企业为环保而适当提价的产品吗？""您及家人愿意因为环境问题而移民吗？""您希望当地政府优先发展经济还是优先保护环境？"三个问题的得分赋值加权，加权结果形成"环境污染容忍度"，以反映被调查者对环境的不同需求。"环境污染容忍度"得分位于 1—13 分，得分越高表示被调查者越具有较强的环境需求，对于环境污染的忍受程度越低，反之则表示被调查者对环保需求并不高，对环境污染的容忍度越高。图 11

中显示了被调查者的环境污染容忍度与幸福感得分的分布情况。总体来看,家庭幸福感随环境污染容忍度的提高而增大,环境污染容忍度低的人幸福指数也较低,这主要是因为环境污染容忍度低的人对环境需求较高,当现实环境与期望环境产生差距后,他们更容易失望,从而产生较大的不满足感,因此幸福感也较低。

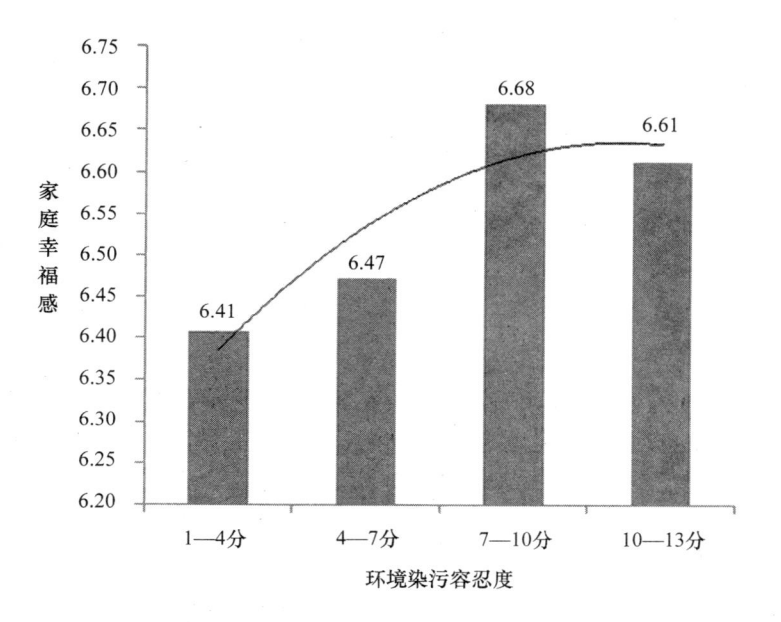

图11　不同环境污染容忍度下的幸福感分布情况

五　环境参与度与家庭幸福感:我参与,我幸福

"保护环境,人人有责"。然而,现实生活中居民参与环保行为的情况相差较大。我们将被调查者参与的10项与环保相关的行为频率"从不""偶尔""经常"进行赋值加权,从而得到"环保参与度"的三个组别"较低""一般""较高"。从图12中可以看出,家庭幸福感随着环境参与度的提高而增加,也就是说参与环保行为

会提高居民家庭幸福感，这主要是因为积极的环保行为减少了污染，洁净的生活环境使得参与者身心愉快；另外，参与者在此过程中收获了成就感和满足感，因此幸福感倍增。

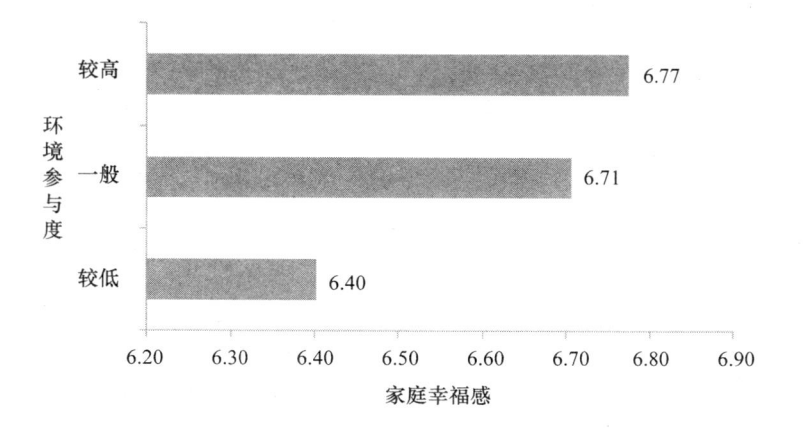

图 12　不同环境污染参与度下的幸福感分布情况

六　环境公平感与家庭幸福感：我们真是"同呼吸、共命运"吗？

近年来，由环境问题引发的群众与企业对抗、与政府对立的群体性事件不断涌现，尤其是大型化工项目的建立，往往被认为其经济效益虽对当地大多数的人带来好处，但其环境成本却集中在设施周边的少数人群身上，导致了多数人和少数人在环境权益上的不公平，从而引发环境冲突①。环境群体性事件已在各类群体性事件中处于相对突出的地位，严重威胁着社会的稳定，因此，在我国社会

---

①　张磊、王彩波：《从环境群体性事件看中国地方政府的环保困境》，《天津行政学院学报》2014 年第 2 期。

不平等已经较为严重的情况下，关注环境污染的公平性非常必要。

在本次调查中，我们对"富人应该更多地承担环境保护的责任""买汽车的人应该付空气污染费""环境污染对不同群体的危害程度是不一样的"及"具有污染性的化工企业均匀地分布在不同区域"四个问题的答案进行赋值加权，从而得到环境公平感得分范围在4—20分，进一步将其分为5组：4—7分为"很强的环境公平感"、8—10分为"较强的环境公平感"、11—13分为"中立"、14—16为"较强的环境不公平感"、17—20分为"很强的环境不公平感"。

从图13中可知，"较强的环境不公平感"群体的幸福感指数为6.65，"很强的环境不公平感"群体的幸福感指数为6.47，明显低于前者，这说明环境不公平感越强，其幸福感指数越低。而在"中立""较强的环境公平感"及"很强的环境公平感"的分组中，环境公平感程度与家庭幸福感的相关性较差，这可能是因为对于没有

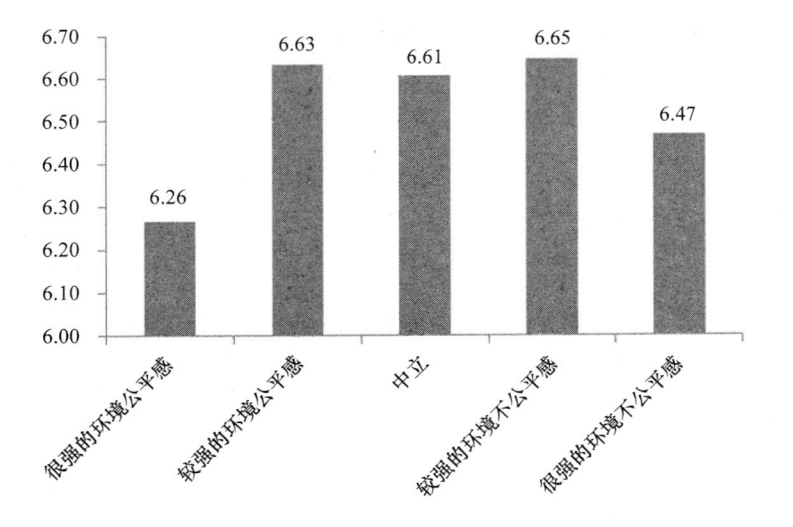

图13 不同环境公平感下的幸福感分布情况

产生环境不公平感的群体而言，其家庭幸福感更多地受到其他因素的影响。

整体来看，本次被调查者的环境公平感均值为 12.999，中值为 13.000，属于"中立"状态的上限，临近"较强的环境不公平感"的下限。也就是说，目前被调查者整体上认为，我国居民享受着相同的环境质量，环境污染在不同的地区间、群体间并不存在太大差异。但是，值得注意的是，若现有的环境公平感进一步被削弱，居民很容易产生较强的环境不公平感，再加上居民在社会经济地位等方面存在的阶层性差异，使得经济状况较好者更容易"用脚投票"或有更多避免环境危害的方式，而经济状况较差者往往成为环境污染的受害者，这将进一步加强民众的社会不公平感，从而影响民众的家庭幸福感。

七 治理有方，幸福倍增

对于民众所关心的环境污染问题，政府的治理能力在一定程度上影响着民众幸福感。一般来说，具有较强治理能力的政府会给民众带来更高的安全感和依赖感，民众对政府治污能力的信任也意味着对未来较好环境期许的可靠性，因而往往有较高的幸福感；而治理能力较差的政府往往不能使群众有所期待，民众对环境污染问题很是担心和焦虑，因此其幸福感也往往较低。从图 14 和图 15 中可知，无论是中国政府还是地方政府，居民对政府环境治理的感知态度与其家庭幸福感呈现出几乎一致的趋势走向。这种感知对幸福感的影响虽不是严格的直线走势，但从整体上看，对政府治理污染认可度越高的居民，其家庭幸福感越高；相反，认为政府做得不足的民众其家庭幸福感也较低。

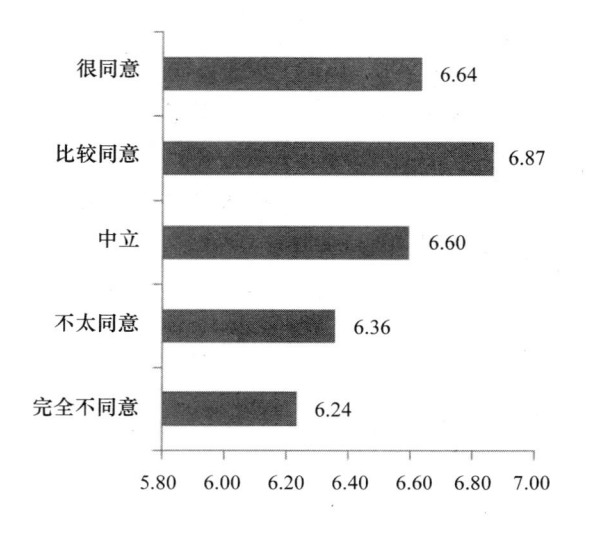

图 14 对"中国政府治理环境污染比大部分国家做得好"的态度

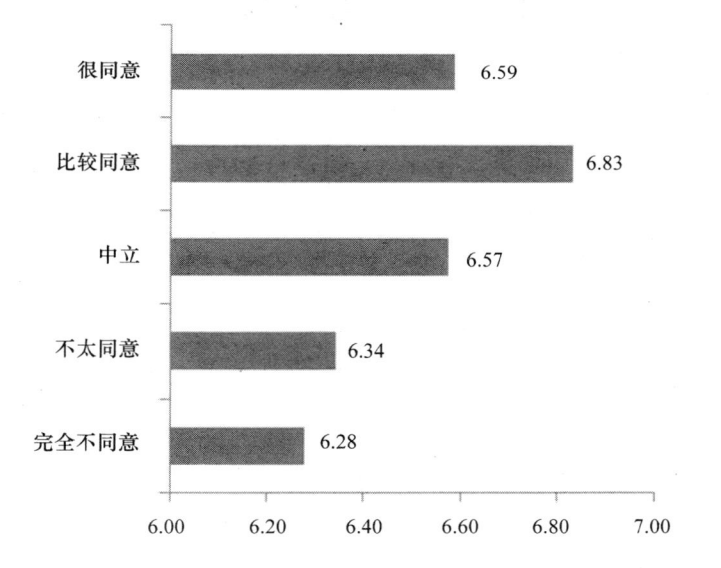

图 15 对"地区政府治理环境污染比大部分地区政府做得"的态度

八　开启幸福之门：追求绿色增长

健康是幸福的基石，良好的生存环境是健康的有力保障。本次调查从居民环境感知折射出的家庭幸福感变化来看，我国居民对洁净环境有着强烈的需求，甚至在两难情况下愿意牺牲经济利益来换取洁净的环境。这就提示政府，仅靠增加 GDP 的方式来提高居民幸福感已经不奏效了，从这种意义上说，提高居民生存环境质量，追求绿色增长、健康增长，追求有幸福的增长、有质量的增长才是增进国民福祉的重要方式，是开启国民幸福之门的有效密码。

从政府层面上来说，提高居民生存环境质量，迫切需要转变 GDP 崇拜的思维方式，将追求绿色增长作为发展的指挥棒，真正践行和落实可持续性发展。这要求政府，一方面在下大力气治理现有环境污染过程，改善治理手段，提高治理能力，增强治理效果。另一方面，在引进或建设新项目时，需要及时了解群众需求和意见，使政府的公共决策能够更好地符合广大人民群众的利益和意愿，避免环境不公平感进一步加剧我国的社会不平等。

环境污染不是短时间形成的，环境污染的治理是一项复杂的社会系统工程，不可能一蹴而就，而是需要长期艰苦不懈地治理。除了政府层面的努力，还需要个人、企业以及全社会的共同参与和积极支持，自觉践行绿色、低碳、文明的生产、生活方式。只有这样，国民幸福感才能切实提升，"美丽中国"才可能变为现实。